でる順パス単
英検5級

文部科学省後援

旺文社

英検とは

　文部科学省後援　実用英語技能検定（通称：英検）は，1963年に第1回試験が実施されて以来，社会教育的な役割という発足当初からの目的と日本社会の国際化が進展するに伴い，英語の四技能「読む・聞く・話す・書く」を総合的に測定する全国規模の試験としてその社会的評価はますます高まっております。

　2011年7月，文部科学省が発表した「国際共通語としての英語力向上のための5つの提言と具体的施策」の中では，中学卒業段階での英語力を英検3級程度以上，高校卒業段階で準2級から2級程度以上を目標とすると明言しており，指導する英語教師も準1級程度以上の英語力を要すると謳っております。

　このように英検の資格はいつの時代も日本人の英語力を測るスケールとして活用されており，大学入試や高校入試での優遇や英語科目の単位として認定する学校が年々増えております。

　また，海外においても英検資格が認知され始め，現在，アメリカやオーストラリアなど多くの大学で留学要件として認められております。

　受験者の皆さんは自己の英語能力の評価基準として，また国際化時代を生きる"国際人"たり得る資格として，さらには生涯学習の目標として大いに英検にチャレンジしてください。

試験概要

(1) 実施機関
　　試験を実施しているのは，公益財団法人 日本英語検定協会です。ホームページ http://www.eiken.or.jp/ では，試験に関する情報・優遇校一覧などを公開しています。

(2) 試験日程
　　試験は年3回行われます（二次試験は3級以上）。
　　第1回検定：一次試験 ― 6月／二次試験 ― 7月
　　第2回検定：一次試験 ― 10月／二次試験 ― 11月
　　第3回検定：一次試験 ― 1月／二次試験 ― 2月

はじめに

本書は英検合格を目指す皆さんが,「出題される可能性の高い単語を,効率よく覚えられる」ような単語集として,1998年に誕生した『英検Pass単熟語』の4訂版です。

今回の改訂では,以下の3つが本書の特長になります。

3つの特長

❶「でる順」で効果的に覚えられる!
過去5年間の英検の問題を分析し,よく出題される見出し語を「でる順」に掲載しました。

❷ 学校で習う単語から始まるので学びやすい!
英検にでる単語のうち,中学1,2年の教科書で多く取り扱われている単語と,英検に特徴的な単語の2ステップで学習できます。

❸ 学習成果がわかるミニテストつき!
単語編と熟語編には,見出し語を覚えたか確認できるミニテストがついています。

本書での単語学習が皆さんの英検合格につながることを心より願っています。

最後に,本書の刊行にあたり多大なご協力をいただきました,昭和女子大学教授 金子朝子先生に深く感謝の意を表します。

もくじ

本書の利用法 …………………… 6
音声ダウンロードについて …… 8

単語編

〈学校で習う単語〉

動詞 ……………………………… 10
名詞 ……………………………… 19
形容詞 …………………………… 54
副詞 ……………………………… 60
そのほか ………………………… 65
ミニテスト …………… 18, 53, 59, 64, 73

〈英検にでる単語〉

動詞 ……………………………… 74
名詞 ……………………………… 75
形容詞 …………………………… 94
ミニテスト ……………………… 95

数・序数 ………………………… 96
代名詞 …………………………… 100
ミニテスト ……………………… 103

熟語編

動詞を中心とした熟語 ………… 106
そのほかの熟語 ………………… 111
ミニテスト ……………………… 113

定型表現編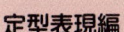

短い応答	116
あいさつ	120
お礼・おわび	124
いろいろな質問	125
申し出・依頼(いらい)・誘(さそ)い	130
命令・禁止	132
さくいん	134

 でちゃうくん
「でる順」をコンセプトとする問題集に登場する旺文社のキャラクターです。本書の中でも,形がさまざまに変化していきます。『英検でる順合格問題集』(2011年刊行)で誕生しました。

編集：堀 尚史　編集協力：株式会社 河源社, 髙橋義博
本文デザイン：伊藤幸恵　イラスト：三木謙次
装丁デザイン：及川真咲デザイン事務所(浅海新菜)
録音：有限会社スタジオ ユニバーサル
ナレーション：Bill Sullivan, 守屋政子

本書の利用法

単語編

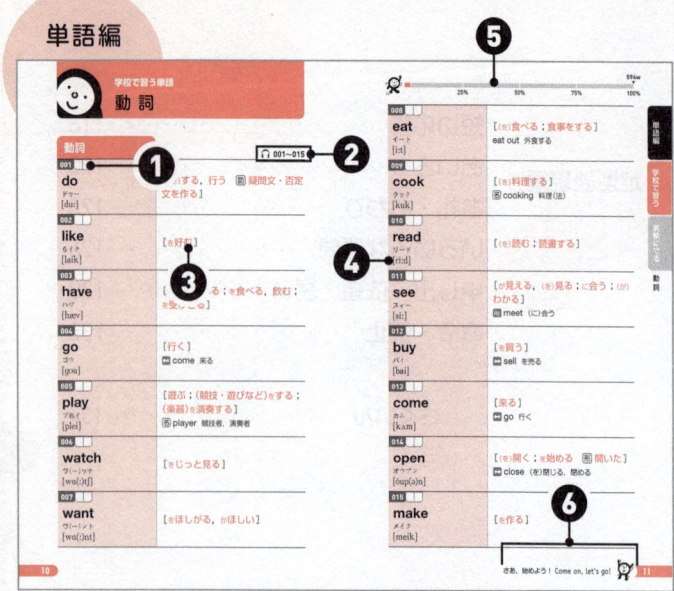

❶ 各語(句)にはチェック欄(らん)があります。くり返し利用して,確実に身につけましょう。

❷ 表示の見出し語番号が音声ダウンロードの1つのファイルです。(音声ダウンロードのくわしい内容は p.8 を参照してください)

❸ 日本語訳は,英検5級合格に必須(ひっす)のものを挙げています。

❹ 発音記号は,アメリカ発音を採用しています。原則として『マイスタディ英和辞典』(旺文社)に準じています。

❺ 総語数(単語+熟語)のうち,どれだけ進んだかひと目でわかります。

❻ でちゃうくんがときどきはげましてくれます。

本書についている赤セルシートをページの上にのせると，赤で印刷されている部分がかくれるので，覚えるのに効果的です。

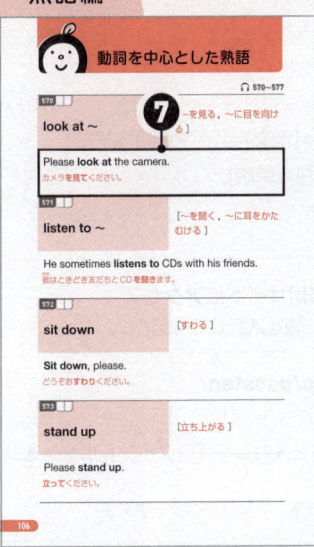

❼ 用法を理解できるように，熟語編のすべての見出し語に例文をつけてあります。

❽ 覚えておきたい表現をまとめています。英文→日本語訳の順に交互にのせています。

表記について

動 動詞	名 名詞	形 形容詞
副 副詞	助 助動詞	前 前置詞

≒ 類義語	= 同義語	⇔ 反意語
単 単数形	複 複数形	
短 短縮形	否短 否定の短縮形	

略 省略形	参 参考表現

印がないもの：用例，用法

(英) イギリスで使用
(米) アメリカで使用

- ～ ………～の部分に語句が入る
- ( ) ……( )内の語句を省略可能
- A, B ……A, Bの部分に異なる語句が入る
- [ ] ……直前の語句と言い換え可能
- *one's* …人を表す語句が入ることを示す
- *be* ……be動詞が入ることを示す

音声ダウンロードについて

本書に掲載されている単語編・熟語編・定型表現編の以下の音声が無料でダウンロードできます。

🎧 内容

1. 単語編：[見出し語]⇒[日本語訳]
2. 熟語編：[見出し語]⇒[日本語訳]⇒[例文]⇒[例文の日本語訳]
3. 定型表現編：[見出し語(2回)]⇒[日本語訳]

🎧 ダウンロード方法

1. **パソコンからインターネットで専用サイトにアクセス**
   下記のURLを入力してアクセスし，級を選択してください。
   (※検索エンジンの「検索」欄は不可)
   http://tokuten.obunsha.co.jp/passtan/

2. **パスワードを入力**
   画面の指示に従い，下記パスワードを入力して「ログイン」ボタンをクリックしてください。
   パスワード：pass5q（※すべて半角数字・アルファベット小文字）

3. **聞きたい音声をダウンロード**
   聞きたい音声ファイルの「DOWNLOAD」ボタンをクリックし，ダウンロードしてください。
   ※詳細は実際のサイト上の説明をご参照ください。

4. **ファイルを解凍して，オーディオプレーヤーで再生**
   音声ファイルはZIP形式にまとめられた形でダウンロードされますので，解凍後，デジタルオーディオプレーヤーなどでご活用ください。
   ※デジタルオーディオプレーヤーへの音声ファイル転送方法は，各製品の取扱説明書やヘルプをご参照ください。

[注意]
- 音声はMP3ファイル形式となっています。音声の再生にはMP3を再生できる機器などが別途必要です。
- ご使用機器，音声再生ソフト等に関する技術的なご質問は，ハードメーカーもしくはソフトメーカーにお願いいたします。
- 本サービスは予告なく終了されることがあります。

1周目	2周目
/	/

単語編

569

学校で習う単語	動詞	10
	名詞	19
	形容詞	54
	副詞	60
	そのほか	65
	ミニテスト	18, 53, 59, 64, 73

英検にでる単語	動詞	74
	名詞	75
	形容詞	94
	ミニテスト	95

	数・序数	96
	代名詞	100
	ミニテスト	103

英検5級によくでる単語を，中学1，2年で習うものと，習わないものに分けて，テーマごとに，でる順で掲載しています。まとめて覚えたほうがよい「数・序数」「代名詞」は最後にのせています。

学校で習う単語
動詞

動詞	🎧 001〜015

001

do
ドゥー
[duː]

[(を)する，行う　勔 疑問文・否定文を作る]

002

like
らイク
[laik]

[を好む]

003

have
ハヴ
[hæv]

[を持っている；を食べる，飲む；を受けとる]

004

go
ゴウ
[gou]

[行く]
⇔ come 来る

005

play
プれイ
[plei]

[遊ぶ；(競技・遊びなど)をする；(楽器)を演奏する]
名 player 競技者，演奏者

006

watch
ワ(ー)ッチ
[wɑ(ː)tʃ]

[をじっと見る]

007

want
ワ(ー)ント
[wɑ(ː)nt]

[をほしがる，がほしい]

008 eat
イート [iːt]

[(を)食べる；食事をする]
eat out 外食する

009 cook
クック [kuk]

[(を)料理する]
名 cooking 料理(法)

010 read
リード [riːd]

[(を)読む；読書する]

011 see
スィー [siː]

[が見える，(を)見る；に会う；(が)わかる]
≒ meet (に)会う

012 buy
バイ [bai]

[を買う]
⇔ sell を売る

013 come
カム [kʌm]

[来る]
⇔ go 行く

014 open
オウプン [óup(ə)n]

[(を)開く；を始める 形 開いた]
⇔ close (を)閉じる，閉める

015 make
メイク [meik]

[を作る]

さあ，始めよう！ Come on, let's go!

動詞

🎧 016〜031

016

live
リヴ
[liv]

[住む；生きる；暮らす]
图 life 生命；人生；生活

017

wash
ワ(ー)ッシ
[wɑ(ː)ʃ]

[(を)洗う，洗たくする　图 洗うこと]

018

swim
スウィム
[swim]

[泳ぐ]
图 swimmer 泳ぐ人

019

use
ユーズ
[juːz]

[を使う，利用する]

020

write
ライト
[rait]

[を書く；(手紙)を書く]
write a letter to 〜　〜に手紙を書く

021

speak
スピーク
[spiːk]

[(を)話す]

022

run
ラン
[rʌn]

[走る；(乗り物が)運行している]

023

sleep
スリープ
[sliːp]

[眠る　图 睡眠]

12

024	**know** ノウ [nou]	[(を)知っている; と知り合いである]
025	**look** ルック [luk]	[(注意して)見る] look at ～ ～を見る
026	**get** ゲット [get]	[を得る, を受けとる; を買う] = buy を買う
027	**study** スタディ [stʌ́di]	[(を)勉強する; (を)研究する 名 勉強; 研究]
028	**rain** レイン [rein]	[雨が降る 名 雨]
029	**drink** ドゥリンク [driŋk]	[を飲む; 酒を飲む 名 飲み物]
030	**sit** スィット [sit]	[すわる, 腰かける] ⇔ stand 立つ
031	**take** テイク [teik]	[を(手に)取る; を手に入れる] ⇔ give を与える

動詞

🎧 032〜047

032
close
クロウズ
[klouz]

[(を)閉じる，閉める]
⇔ open (を)開く
形 closed 閉じた，閉店の

033
help
ヘるプ
[help]

[(を)助ける，手伝う 名 助け]

034
listen
リスン
[lís(ə)n]

[聞く]
listen to 〜 〜を聞く

035
meet
ミート
[mi:t]

[(に)会う；(と)知り合いになる]
≒ see に会う
名 meeting 会合

036
sing
スィング
[siŋ]

[(を)歌う]
名 song 歌 singer 歌手

037
walk
ウォーク
[wɔ:k]

[歩く 名 歩くこと；散歩]

038
work
ワ〜ク
[wə:rk]

[働く；勉強する 名 仕事；勉強]

039
ski
スキー
[ski:]

[スキーをする 名 スキーの板]
名 skier スキーをする人

040
start
スタート
[stɑːrt]

[出発する；始まる；を始める
名 出発；開始]

041
talk
トーク
[tɔːk]

[話す，しゃべる]

042
teach
ティーチ
[tiːtʃ]

[(学科など)を教える]
名 teacher 先生，教師

043
brush
ブラッシ
[brʌʃ]

[をみがく 名 ブラシ]

044
dance
ダンス
[dæns]

[おどる 名 ダンス]
名 dancer ダンサー

045
love
らヴ
[lʌv]

[を愛する 名 愛]

046
put
プット
[put]

[を置く]
put on ~ ~を身につける

047
stand
スタンド
[stænd]

[立つ]
⇔ sit すわる

動詞	🎧 048〜059
048 **think** すィンク [θiŋk]	[(と)思う，考える] think about [of] 〜 〜について考える
049 **camp** キャンプ [kæmp]	[キャンプをする] go camping キャンプをしに行く
050 **need** ニード [niːd]	[を必要とする　助 する必要がある]
051 **stop** スタ(ー)ップ [stɑ(ː)p]	[を止める；をやめる；止まる 名 止まること]
052 **clean** クリーン [kliːn]	[をきれいにする　形 きれいな]
053 **smile** スマイる [smail]	[ほほえむ　名 ほほえみ]
054 **begin** ビギン [bigín]	[を始める；始まる] = start ⇔ end を終える
055 **enjoy** インヂョイ [indʒɔ́i]	[を楽しむ]

056	give ギヴ [giv]	[を与える, あげる] give up (〜) (〜を)あきらめる
057	learn ら〜ン [ləːrn]	[を習う, 学ぶ] ≒ study 勉強する
058	practice プラクティス [præktis]	[(を)練習する 名 練習]
059	wait ウェイト [weit]	[待つ]

単語編 / 学校で習う / 英検にでる / 動詞

その調子！ That's it!

ミニテストにチャレンジ!!

1 私の家では夕食のときにテレビは見ません。

My family doesn't (　　　) TV at dinner time.

2 デービッドはよくコンピューターを使います。

David often (　　　) a computer.

3 きょうは雨降りです。

It's (　　　) today.

4 ぼくの祖父はとても速く歩きます。

My grandfather (　　　) very fast.

5 私は毎食後, 歯をみがきます。

I (　　　) my teeth after each meal.

6 自分の部屋をそうじしなさいね, キャシー。

(　　　) your room, Cathy.

答え **1** watch **2** uses **3** raining **4** walks **5** brush **6** Clean

学校で習う単語
名 詞

家

🎧 060〜066

060 watch
ワ(ー)ッチ
[wɑ(:)tʃ]

[腕時計]
参 clock 時計(掛け時計・置き時計など)

061 book
ブック
[buk]

[本]

062 home
ホウム
[houm]

[家庭 副 家へ]
at home 在宅して

063 house
ハウス
[haus]

[家, 住宅]

064 room
ルーム
[ru:m]

[部屋]

065 picture
ピクチャ
[píktʃər]

[絵;写真]
= photo 写真
take a picture 写真をとる

066 chair
チェア
[tʃeər]

[いす]

がんばってね！ Good luck!

家

🎧 067~082

067
bed
ベッド
[bed]

[ベッド]
go to bed 寝る

068
table
テイブる
[téibl]

[テーブル]

069
bag
バッグ
[bæg]

[ふくろ；かばん，バッグ]

070
box
バ(ー)ックス
[bɑ(:)ks]

[箱]

071
comic
カ(ー)ミック
[kɑ́(:)mik]

[漫画本]

072
letter
れタァ
[létər]

[手紙；文字]

073
window
ウィンドウ
[wíndou]

[窓]

074
hat
ハット
[hæt]

[(縁のある)ぼうし]
🟰 cap (縁のない)ぼうし，野球帽

20

075
TV
ティーヴィー
[tìːvíː]

[テレビ]

076
camera
キャメラ
[kǽm(ə)rə]

[カメラ]

077
kitchen
キチン
[kítʃ(ə)n]

[台所]

078
cup
カップ
[kʌp]

[茶わん，カップ]

079
phone
ふォウン
[foun]

[電話]
answer the phone 電話にでる

080
newspaper
ヌーズペイパァ
[núːzpèipər]

[新聞]
= paper

081
clock
クら(ー)ック
[klɑ(ː)k]

[（掛け時計・置き時計などの）時計]
参 watch 腕時計

082
computer
コンピュータァ
[kəmpjúːtər]

[コンピューター]

家

083
door
ドー
[dɔːr]

[戸, ドア]

084
garden
ガードゥン
[gáːrd(ə)n]

[庭, 庭園；菜園]

085
cap
キャップ
[kæp]

[(縁のない)ぼうし, 野球帽]

≒ hat (縁のある)ぼうし

086
e-mail
イーメイる
[íːmeil]

[電子メール, Eメール]

087
jacket
ヂャケット
[dʒǽkit]

[ジャケット, 短い上着]

088
shirt
シャ〜ト
[ʃəːrt]

[ワイシャツ]

089
T-shirt
ティーシャ〜ト
[tíːʃəːrt]

[Tシャツ]

時

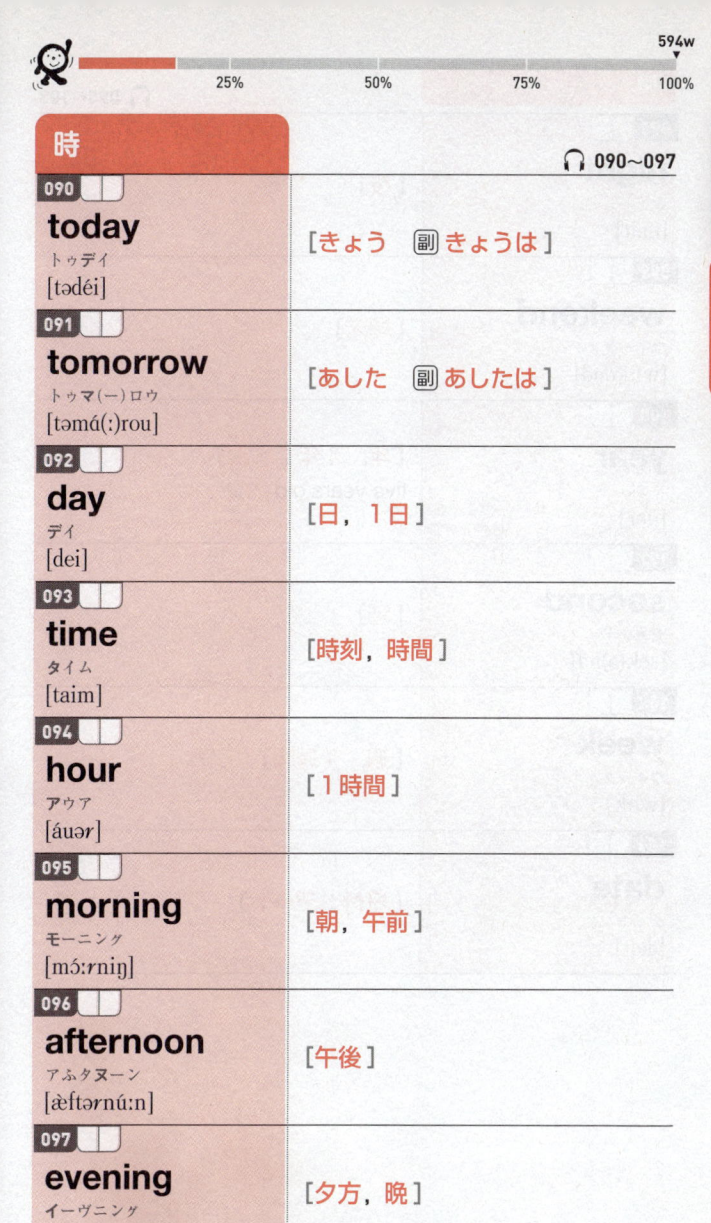

🎧 090〜097

090
today
トゥデイ
[tədéi]

[きょう 副きょうは]

091
tomorrow
トゥマ(ー)ロウ
[təmá(:)rou]

[あした 副あしたは]

092
day
デイ
[dei]

[日, 1日]

093
time
タイム
[taim]

[時刻, 時間]

094
hour
アウア
[áuər]

[1時間]

095
morning
モーニング
[mɔ́ːrniŋ]

[朝, 午前]

096
afternoon
アふタヌーン
[æftərnúːn]

[午後]

097
evening
イーヴニング
[íːvniŋ]

[夕方, 晩]

時

098～103

098
night
ナイト
[nait]

[夜]

099
weekend
ウィーケンド
[wíːkend]

[週末]

100
year
イア
[jiər]

[年, 1年；〜歳]
five years old 5歳

101
second
セカンド
[sék(ə)nd]

[秒]

102
week
ウィーク
[wiːk]

[週, 1週間]

103
date
デイト
[deit]

[日付；デート]

学校

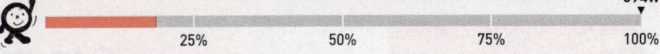

🎧 104〜111

104
school
スクーる
[skuːl]

[学校]
a junior high school 中学校
a (senior) high school 高等学校

105
student
ストゥーデント
[stúːd(ə)nt]

[学生, 生徒]

106
teacher
ティーチャ
[tíːtʃər]

[先生, 教師]

107
class
クらス
[klæs]

[クラス；授業]
参 classroom 教室　classmate 同級生

108
homework
ホウムワ〜ク
[hóumwəːrk]

[宿題]
do *one's* homework 宿題をする

109
name
ネイム
[neim]

[名前]

110
idea
アイディ(ー)ア
[aidí(ː)ə]

[考え；意見]

111
classroom
クらスルーム
[klǽsruːm]

[教室]

学校

🎧 112〜128

112
math
マす
[mæθ]

[数学 (mathematics の短縮形)]

113
science
サイエンス
[sáiəns]

[科学；理科]

114
pen
ペン
[pen]

[ペン]

115
club
クらブ
[klʌb]

[クラブ, 部]

116
desk
デスク
[desk]

[つくえ]

117
cafeteria
キャふェティ(ア)リア
[kæfətí(ə)riə]

[カフェテリア]

118
art
アート
[ɑːrt]

[芸術]

119
test
テスト
[test]

[テスト]
≡ quiz 小テスト

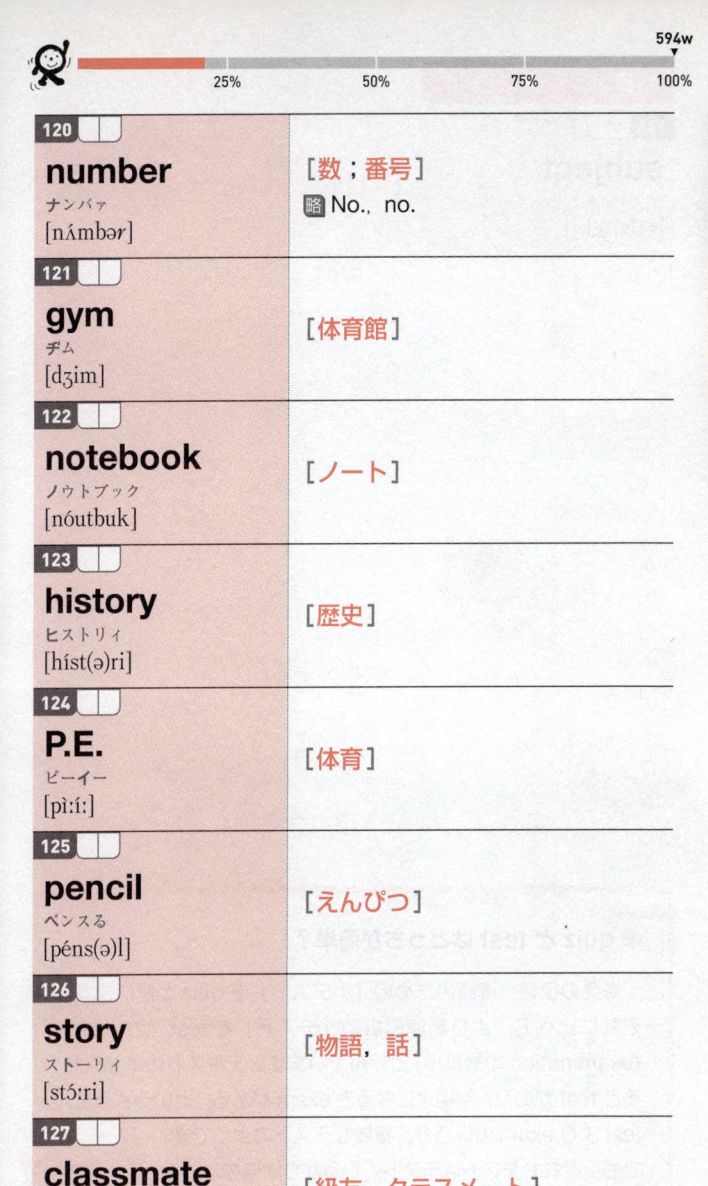

120		
number ナンバァ [nʌ́mbər]	[数；番号] 略 No., no.	

121		
gym ヂム [dʒim]	[体育館]	

122		
notebook ノウトブック [nóutbuk]	[ノート]	

123		
history ヒストリィ [hístəri]	[歴史]	

124		
P.E. ピーイー [píːíː]	[体育]	

125		
pencil ペンスる [péns(ə)l]	[えんぴつ]	

126		
story ストーリィ [stɔ́ːri]	[物語，話]	

127		
classmate クらスメイト [klǽsmeit]	[級友，クラスメート]	

学校

128

subject
サブヂェクト
[sʌ́bdʒekt]

[科目]

● quiz と test はどっちが簡単？

単発の復習・確認のための「小テスト」を quiz と言います。それに比べて，より範囲の広い「テスト」を test とか exam (examination の短縮形) と呼んでいます。テキストの章が終わると test があり，学期末になると exam がある，というように，test より exam のほうが，重要なテストのようです。でも，どれもテストはテスト。しっかり準備をして受けましょう。

人・職業

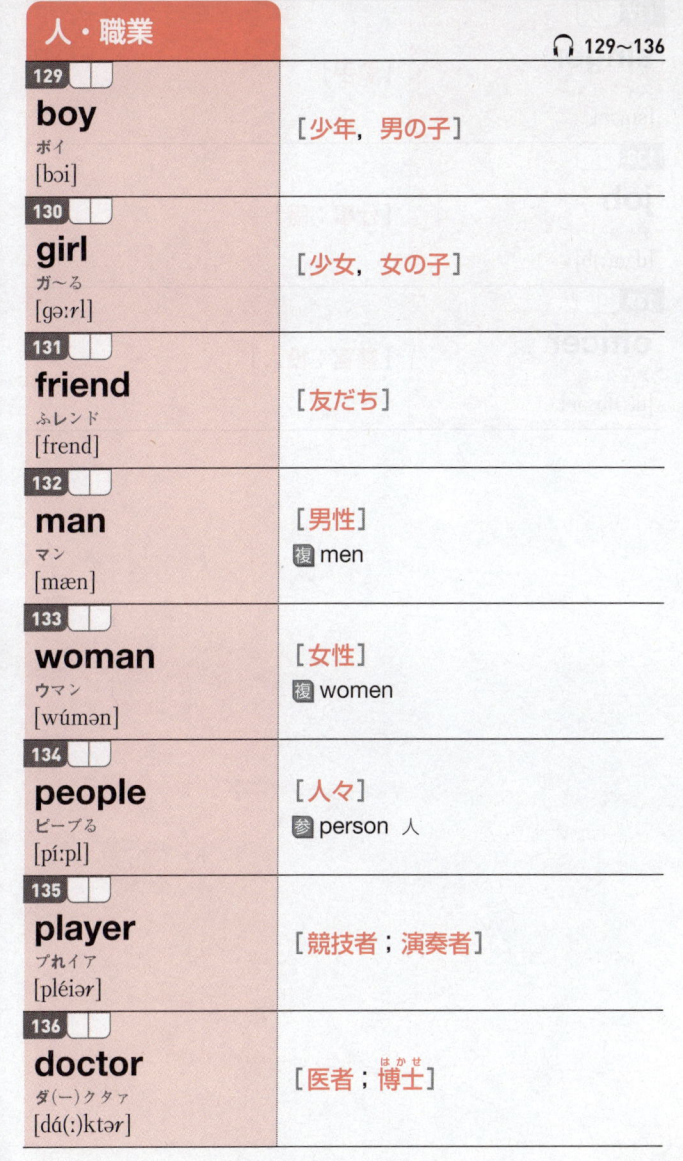

🎧 129〜136

129

boy
ボイ
[bɔi]

[少年，男の子]

130

girl
ガ〜る
[gə:rl]

[少女，女の子]

131

friend
ふレンド
[frend]

[友だち]

132

man
マン
[mæn]

[男性]
複 men

133

woman
ウマン
[wúmən]

[女性]
複 women

134

people
ピープる
[pí:pl]

[人々]
参 person 人

135

player
プれイア
[pléiər]

[競技者；演奏者]

136

doctor
ダ(ー)クタァ
[dá(:)ktər]

[医者；博士(はかせ)]

人・職業

137
singer
スィンガァ
[síŋər]

[歌手]

138
job
ヂャ(ー)ップ
[dʒɑ(:)b]

[仕事；職]

139
officer
ア(ー)ふィサァ
[á(:)fəsər]

[警官；役人]

街

🎧 140〜147

140 right
ライト
[rait]
[右　形 右の]

141 park
パーク
[pɑːrk]
[公園]

142 library
らイブレリィ
[láibreri]
[図書館]

143 bus
バス
[bʌs]
[バス]

144 station
ステイション
[stéiʃ(ə)n]
[駅]

145 train
トゥレイン
[trein]
[列車，電車]

146 store
ストー
[stɔːr]
[店]

147 shopping
シャ(ー)ピング
[ʃɑ(ː)piŋ]
[買い物]
go shopping 買い物に行く

その調子でがんばれ！ Keep it up!

街	🎧 148〜158

148

movie
ムーヴィ
[múːvi]

[映画]
go to the movies　映画を見に行く

149

restaurant
レストラント
[réstərənt]

[レストラン]

150

zoo
ズー
[zuː]

[動物園]

151

supermarket
スーパマーケット
[súːpərmàːrkət]

[スーパーマーケット]

152

car
カー
[kɑːr]

[車]
by car　車で

153

plane
プレイン
[plein]

[飛行機(airplane の短縮形)]

154

city
スィティ
[síti]

[都市, 市]

155

street
ストゥリート
[striːt]

[通り, 街路]

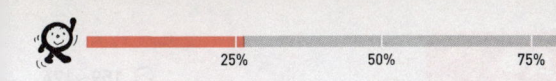

156	
hospital ハ(ー)スピトゥる [há(:)spitl]	[病院]

157	
bridge ブリッヂ [bridʒ]	[橋]

158	
place プれイス [pleis]	[場所]

食べ物・食事

🎧 159〜174

159

dinner
ディナァ
[dínər]

[夕食, (1日のうちの主要な)食事]

160

lunch
らンチ
[lʌntʃ]

[昼食, 弁当]
参 lunchbox 弁当箱

161

breakfast
ブレックふァスト
[brékfəst]

[朝食]

162

apple
アプる
[ǽpl]

[リンゴ]

163

ice
アイス
[ais]

[氷]
ice cream アイスクリーム

164

tea
ティー
[ti:]

[茶, 紅茶]
green tea 緑茶

165

juice
ヂュース
[dʒu:s]

[ジュース]

166

milk
ミるク
[milk]

[ミルク, 牛乳]

34

167
coffee
コ(ー)ふィ
[kɔ́(ː)fi]

[コーヒー]

168
fruit
ふルート
[fruːt]

[くだもの]

169
sandwich
サン(ド)ウィッチ
[sǽn(d)witʃ]

[サンドイッチ]

170
orange
オ(ー)レンヂ
[ɔ́(ː)rindʒ]

[オレンジ]

171
food
ふード
[fuːd]

[食べ物]
参 meal 食事

172
pizza
ピーツァ
[píːtsə]

[ピザ]

173
rice
ライス
[rais]

[米 ; ごはん]

174
cookie
クッキィ
[kúki]

[(米)クッキー]
= biscuit (英)

食べ物・食事

🎧 175〜179

175

soup
スープ
[suːp]

[スープ]
eat soup　スープを飲む

176

bread
ブレッド
[bred]

[パン]

177

dish
ディッシュ
[diʃ]

[皿]
≒ plate　（浅い）皿

178

meat
ミート
[miːt]

[肉]

179

egg
エッグ
[eg]

[たまご]

家族

🎧 180〜187

180
father
ふァーザァ
[fáːðər]

[父]
= dad お父さん

181
brother
ブラザァ
[brʌ́ðər]

[兄弟, 兄, 弟]

182
mother
マザァ
[mʌ́ðər]

[母]
= mom お母さん

183
sister
スィスタァ
[sístər]

[姉妹, 姉, 妹]

184
family
ふァミりィ
[fǽm(ə)li]

[家族；一家]

185
grandmother
グラン(ド)マザァ
[grǽn(d)mʌ̀ðər]

[祖母]
= grandma おばあちゃん

186
uncle
アンクる
[ʌ́ŋkl]

[おじ]

187
son
サン
[sʌn]

[息子]

家族

🎧 188〜190

188

aunt
アント
[ænt]

[おば]

189

daughter
ドータァ
[dɔ́:tər]

[娘]

190

grandfather
グラン(ド)ファーザァ
[grǽn(d)fà:ðər]

[祖父]

= grandpa おじいちゃん

スポーツ

🎧 191〜198

191 tennis
テニス
[ténis]
[テニス]

192 soccer
サ(ー)カァ
[sá(ː)kər]
[サッカー]

193 baseball
ベイスボーる
[béisbɔːl]
[野球]

194 bike
バイク
[baik]
[自転車；オートバイ]

195 sport
スポート
[spɔːrt]
[スポーツ]

196 basketball
バスケットボーる
[bǽskətbɔːl]
[バスケットボール]

197 game
ゲイム
[geim]
[遊び，ゲーム；試合]

198 racket
ラケット
[rǽkət]
[ラケット]

スポーツ

🎧 199〜202

199

ball
ボーる
[bɔːl]

[ボール]

200

volleyball
ヴァ(ー)りボーる
[vá(ː)libɔːl]

[バレーボール]

201

football
ふットボーる
[fútbɔːl]

[㈶アメリカンフットボール]
参 (英)サッカー，ラグビー

202

team
ティーム
[tiːm]

[チーム]

動物・自然

🎧 203～210

203
cat
キャット
[kæt]

[ネコ]

204
dog
ド(ー)グ
[dɔ(ː)g]

[犬]

205
bird
バ〜ド
[bəːrd]

[鳥]

206
flower
ふらウア
[fláuər]

[花]

207
tree
トゥリー
[triː]

[木, 樹木(じゅもく)]

208
fish
ふィッシ
[fiʃ]

[魚]

209
snow
スノウ
[snou]

[雪 動 雪が降る]

210
animal
アニマる
[ǽnim(ə)l]

[動物]

あきらめないで！ Don't give up!

動物・自然　　　🎧 211〜215

211
mountain
マウントゥン
[máunt(ə)n]

[山]

212
river
リヴァ
[rívər]

[川]

213
water
ウォータァ
[wɔ́:tər]

[水]

214
weather
ウェザァ
[wéðər]

[天気]

215
rock
ラ(ー)ック
[rɑ(:)k]

[岩]

曜日

🎧 216〜222

216
Monday
マンデイ
[mʌ́ndei]

[月曜日]
略 Mon.

217
Tuesday
トゥーズデイ
[túːzdei]

[火曜日]
略 Tues.

218
Wednesday
ウェンズデイ
[wénzdei]

[水曜日]
略 Wed.

219
Thursday
さ〜ズデイ
[θə́ːrzdei]

[木曜日]
略 Thurs.

220
Friday
ふライデイ
[fráidei]

[金曜日]
略 Fri.

221
Saturday
サタデイ
[sǽtərdei]

[土曜日]
略 Sat.

222
Sunday
サンデイ
[sʌ́ndei]

[日曜日]
略 Sun.

月

🎧 223〜235

223

month
マンす
[mʌnθ]

[月，1か月]

224

January
ヂァニュエリィ
[dʒǽnjueri]

[1月]
略 Jan.

225

February
ふェビュエリィ
[fébjueri]

[2月]
略 Feb.

226

March
マーチ
[mɑːrtʃ]

[3月]
略 Mar.

227

April
エイプリる
[éiprəl]

[4月]
略 Apr.

228

May
メイ
[mei]

[5月]

229

June
ヂューン
[dʒuːn]

[6月]
略 Jun.

230

July
ヂュらイ
[dʒulái]

[7月]
略 Jul.

231
August
オーガスト
[ɔ́:gəst]

[8月]
略 Aug.

232
September
セプテンバァ
[septémbər]

[9月]
略 Sep.

233
October
ア(ー)クトゥバァ
[ɑ(:)któubər]

[10月]
略 Oct.

234
November
ノウヴェンバァ
[nouvémbər]

[11月]
略 Nov.

235
December
ディセンバァ
[disémbər]

[12月]
略 Dec.

色

236〜244

236

brown
ブラウン
[braun]

[茶色　形 茶色の]

237

blue
ブるー
[blu:]

[青　形 青い]

238

orange
オ(ー)レンヂ
[ɔ́(:)rindʒ]

[オレンジ色　形 オレンジ色の]

239

white
(フ)ワイト
[(h)wait]

[白　形 白い]

240

red
レッド
[red]

[赤　形 赤い]

241

color
カらァ
[kʌ́lər]

[色]

242

black
ブラック
[blæk]

[黒　形 黒い]

243

green
グリーン
[gri:n]

[緑色　形 緑の]

244 yellow
イェろウ
[jélou]

[黄色　形 黄色い]

● 信号の色に注意！

「横断歩道では，青信号になっても左右を見て注意してわたりなさい」などと，よく言われませんか。でも英語では，「青信号」ではなく，green light（緑信号）です。実は日本の信号機の色も，ふつうの青よりは緑色に近い青緑色なのだそうです。そして，日本でよく見るのは左から青，黄，赤と並んだ信号機。アメリカでは上から赤，黄，緑と並んでいます。ところ変われば，信号機も変わる？ですね。

音楽

🎧 245〜250

245
music
ミューズィック
[mjúːzik]

[音楽]

246
piano
ピアノウ
[piǽnou]

[ピアノ]
参 pianist ピアニスト

247
CD
スィーディー
[síːdíː]

[CD(compact disc の略)]
a CD player CDプレーヤー

248
song
ソ(ー)ング
[sɔ(ː)ŋ]

[歌]
動 sing (を)歌う

249
guitar
ギター
[gitáːr]

[ギター]

250
flute
ふるート
[fluːt]

[フルート]

季節・行事

🎧 251〜257

251
birthday
バ〜すデイ
[bə́ːrθdei]

[誕生日]

252
party
パーティ
[páːrti]

[パーティー]

253
present
プレズント
[préz(ə)nt]

[プレゼント]

254
spring
スプリング
[spríŋ]

[春]

255
summer
サマァ
[sʌ́mər]

[夏]

256
fall
ふォーる
[fɔːl]

[(米)秋]
= autumn (英)

257
winter
ウィンタァ
[wíntər]

[冬]

単位

258
dollar
ダ(ー)らァ
[dá(:)lər]

[(米国・カナダなどの貨幣単位) ドル]

259
meter
ミータァ
[mí:tər]

[メートル]
略 m., m

世界

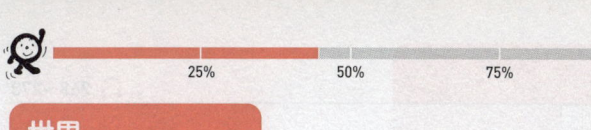

🎧 260〜267

260 English
イングリッシ
[íŋgliʃ]
[英語　形 イングランドの，英語の]
参 England イングランド

261 Japanese
ヂャパニーズ
[dʒæpəníːz]
[日本人；日本語　形 日本の]
参 Japan 日本

262 Canada
キャナダ
[kǽnədə]
[カナダ]
参 Canadian カナダ人；カナダの

263 Australia
オ(ー)ストゥレイリア
[ɔ(ː)stréiliə]
[オーストラリア]
参 Australian オーストラリア人；オーストラリアの

264 country
カントゥリィ
[kʌ́ntri]
[国；祖国；(the をつけて)いなか]

265 American
アメリカン
[əmérik(ə)n]
[アメリカ人　形 アメリカの]
参 America アメリカ

266 Japan
ヂャパン
[dʒəpǽn]
[日本]
参 Japanese 日本人；日本の

267 Spanish
スパニッシ
[spǽniʃ]
[スペイン人；スペイン語　形 スペインの]
参 Spain スペイン

体

🎧 268〜273

268

hand
ハンド
[hænd]

[手]

269

face
フェイス
[feis]

[顔]

270

hair
ヘア
[heər]

[髪(かみ)の毛, 毛]

271

mouth
マウす
[mauθ]

[口]

272

teeth
ティーす
[ti:θ]

[歯(複数形)]
単 tooth

273

head
ヘッド
[hed]

[頭]

ミニテストにチャレンジ!!

❶ 私はいつも10時に寝ます。
I usually go to (　　　) at ten.

❷ テッドのお母さんは理科の先生です。
Ted's mother is a (　　　) teacher.

❸ その病院は9時に開きます。
The (　　　) opens at nine o'clock.

❹ 毎朝, たまごを食べますか。
Do you eat (　　　) every morning?

❺ その動物園にはたくさんの動物がいます。
There are lots of (　　　) in the zoo.

❻ ナンシーは, 冬は好きですが夏は好きではありません。
Nancy likes (　　　), but she doesn't like summer.

答え **❶** bed **❷** science **❸** hospital **❹** eggs **❺** animals **❻** winter

わかった！I got it!

学校で習う単語
形容詞

形容詞	🎧 274〜288
274 **good** グッド [gud]	[よい, おいしい; じょうずな] have a good time 楽しい時を過ごす *be* good at 〜 〜が得意である
275 **pretty** プリティ [príti]	[きれいな, かわいらしい]
276 **right** ライト [rait]	[右の; 正しい] ⬅ left 左の wrong 悪い
277 **new** ヌー [nu:]	[新しい]
278 **big** ビッグ [big]	[大きい]
279 **nice** ナイス [nais]	[すてきな, よい; 親切な] have a nice time 楽しい時を過ごす
280 **old** オゥルド [ould]	[年とった; 〜歳の; 古い]

54

281		
fine ファイン [fain]	[すばらしい；晴れた；健康で，元気で] very good とてもよい　well 健康で	

282		
tall トーる [tɔːl]	[背の高い，高い；身長[高さ]が〜の]	

283		
long ろ(ー)ング [lɔ(ː)ŋ]	[(距離，時間が)長い；長さが〜の]	

284		
high ハイ [hai]	[高い；高さが〜ある]	

285		
cold コウるド [kould]	[寒い；冷たい　名 風邪(かぜ)]	

286		
sunny サニィ [sʌ́ni]	[日の照っている] 名 sun 太陽	

287		
cloudy クらウディ [kláudi]	[くもった，くもりの] 名 cloud 雲	

288		
next ネクスト [nekst]	[次の；となりの]	

がんばれ！ Hang in there!

形容詞

🎧 289〜304

289
hot
ハ(ー)ット
[hɑ(:)t]

[熱い；暑い]

290
hungry
ハングリィ
[hʌ́ŋgri]

[空腹の]

291
near
ニア
[níər]

[近い]
⇔ far 遠い，遠くの

292
rainy
レイニィ
[réini]

[雨の]
名 rain 雨

293
young
ヤング
[jʌŋ]

[若い]

294
sleepy
スリーピィ
[slí:pi]

[眠い]
動 sleep 眠る

295
happy
ハピィ
[hǽpi]

[幸福な，楽しい，うれしい]

296
little
リトゥる
[lítl]

[小さい]
⇔ big, large, great 大きい
a little 少し

297 cute キュート [kjuːt]	[かわいい]
298 short ショート [ʃɔːrt]	[短い；背の低い]
299 beautiful ビューティふる [bjúːtəf(ə)l]	[美しい；すばらしい]
300 great グレイト [greit]	[偉大な；大きい] ≒ large（面積・数・量が）大きい
301 kind カインド [kaind]	[親切な 名 種類]
302 small スモーる [smɔːl]	[小さい，（面積が）せまい]
303 snowy スノウイ [snóui]	[雪の降る；雪の多い]
304 warm ウォーム [wɔːrm]	[暖かい] ⇔ cool 涼しい

形容詞

🎧 305〜309

305
busy
ビズィ
[bízi]

[いそがしい]

306
favorite
フェイヴ(ァ)リット
[féiv(ə)rət]

[お気に入りの 名 お気に入り]

307
last
ラスト
[læst]

[最後の；この前の 副 最後に]

308
ready
レディ
[rédi]

[用意ができて]
be ready for 〜 〜の用意ができている

309
wonderful
ワンダふル
[wʌ́ndərf(ə)l]

[すばらしい]

ミニテストにチャレンジ!!

1 あなたのくつは新しいの？
Are your shoes (　　　)?

2 その映画はどのくらいの長さですか。
How (　　　) is the movie?

3 きょうはとても暑いです。
It's very (　　　) today.

4 私はとても幸せです。
I am very (　　　).

5 後藤先生はとっても生徒に親切です。
Mr. Goto is very (　　　) to his students.

6 次の授業の準備はできていますか。
Are you (　　　) for the next class?

答え **1** new **2** long **3** hot **4** happy **5** kind
6 ready

すごい！ Wow!

学校で習う単語
副詞

副詞

🎧 310〜323

310 in
イン
[in]
[中へ]
⇔ out 外へ

311 on
ア(ー)ン
[ɑ(:)n]
[上に；身につけて]

312 very
ヴェリィ
[véri]
[(形容詞, 副詞を修飾して) とても]
= so （話しことばで）とても

313 pretty
プリティ
[príti]
[かなり, 相当に]

314 here
ヒア
[hiər]
[ここに, ここで, ここへ]

315 too
トゥー
[tu:]
[〜もまた；(形容詞・副詞の前に置いて) あまりに〜すぎる]
= also 〜もまた

316 now
ナウ
[nau]
[いま, 現在は]

317	
there ゼア [ðeər]	[そこに, そこで, そこへ]

318	
usually ユージュ(ア)リィ [júːʒu(ə)li]	[いつもは, ふつう]

319	
often オ(ー)ふン [ɔ́(ː)f(ə)n]	[しばしば, たびたび]

320	
over オウヴァ [óuvər]	[上方に；越えて] over there 向こうに

321	
well ウェる [wel]	[じょうずに, うまく　形 健康で]

322	
not ナ(ー)ット [nɑ(ː)t]	[(be動詞・助動詞の直後に置いて, 文を打ち消して) 〜でない, 〜しない] 一般動詞の否定：don't [doesn't] ＋動詞の原形 助動詞の否定：will not [won't], cannot [can't] be動詞の否定：am not, is not [isn't], are not [aren't]

323	
up アップ [ʌp]	[上へ, 上に；起立して] get up 起床する

がんばれ！ Hold on!

副詞	🎧 324〜334

324
fast
ファスト
[fæst]

[速く 形 速い]

325
second
セカンド
[sék(ə)nd]

[第2に 形 第2の]

326
down
ダウン
[daun]

[下へ，下に]

327
out
アウト
[aut]

[外へ，外に]
go out 外出する

328
also
オーるソウ
[ɔ́:lsou]

[〜もまた]
= too

329
always
オーるウェイズ
[ɔ́:lweiz]

[いつも，常に]

330
then
ゼン
[ðen]

[そのとき；それから；それでは]

331
off
オ(ー)ふ
[ɔ(:)f]

[離れて，去って；脱いで
前 〜から離れて]
take off (身につけているもの)を脱ぐ，はずす；(飛行機が)離陸する

332 **again** アゲン [əgén]	[ふたたび, また]
333 **really** リー(ア)リィ [rí:(ə)li]	[本当に, 実際に]
334 **sometimes** サムタイムズ [sʌ́mtaimz]	[ときどき]

ミニテストにチャレンジ!!

1 ここでものを食べてはいけません。

You can't eat (　　　).

2 マークはいつも何時に起きますか。

What time does Mark (　　　) get up?

3 アンはハーモニカをとてもじょうずに吹けます。

Ann can play harmonica very (　　　).

4 私の犬はとても速く走ります。

My dog runs very (　　　).

5 メアリーのバッグも黄色です。

Mary's bag is (　　　) yellow.

6 来週また会いましょう。

See you (　　　) next week.

答え **1** here **2** usually **3** well **4** fast **5** also **6** again

学校で習う単語
そのほか

前置詞

🎧 335〜339

335 in
イン
[in]

[①(場所・位置を示して)**〜の中に[へ, の]**]
in the park 公園で[の中の]
in the bag かばんの中に[の]
[②(時間を示して)**〜に**]
in the morning 朝に, 午前中に
in winter 冬に

336 on
ア(ー)ン
[ɑ(ː)n]

[①**〜の上に**]
on the table テーブルの上に
[②(日時を示して)**〜に**]
on Sunday 日曜日に
[③(手段・道具を示して)**〜で**]
listen to music on the radio ラジオで音楽を聞く

337 at
アット
[æt]

[①(場所・位置を示して)**〜で, 〜に**]
at home 家で　at school 学校で
[②(時間を示して)**〜に**]
at seven o'clock 7時に

338 to
トゥー
[tuː]

[①(運動の方向・目的地を示して)**〜へ, 〜に**]
go to America アメリカへ行く
[②(範囲・程度を表して)**〜まで**]
from one to ten 1から10まで
[③(時間の限度を表して)**〜まで**]
ten minutes to ten 10時10分前

339 for
ふォー
[fɔːr]

[①**〜のために**]
make a dress for her 彼女に服を作ってあげる
buy a book for him 彼に本を買ってあげる
[②**〜にそなえて**]
study for the exam 試験にそなえて勉強する

君ならできるよ！ You can do it!

前置詞

340～349

340 of
アヴ [ʌv]

[①(所有・所属を示して)**～の**]
the name of the song その歌の題名
[②(部分を示して)**～の中の[で]**]
a friend of mine 私の友人

341 after
アふタァ [ǽftər]

[**～の後に**]
after school 放課後(に)
the day after tomorrow あさって

342 by
バイ [bai]

[①(位置・場所を示して)**～のそばに**]
≒ near ～の近くに beside ～のそばに
by the window 窓ぎわに
[②(手段・方法を示して)**～によって**]
go by bus バスで行く

343 with
ウィず [wið]

[①**～といっしょに**]
go with him 彼(かれ)といっしょに行く
[②(道具・手段・材料を示して)**～で，～を使って**]
take pictures with her camera
彼女(かのじょ)のカメラで写真をとる

344 about
アバウト [əbáut]

[**～について(の)** 副 **およそ，約**]
a book about Japan 日本についての本
about twenty people およそ20人の人々

345 from
ふラム [frʌm]

[①(場所を示して)**～から**]
How far is it from here to the station?
ここから駅までどのくらいありますか。
[②(時間・順序・数量を示して)**～から**]
The shop is open from ten to nine.
その店は10時から9時まであいている。
[③(出身地を示して)**～出身で**]
I'm from Japan. 私は日本出身です。

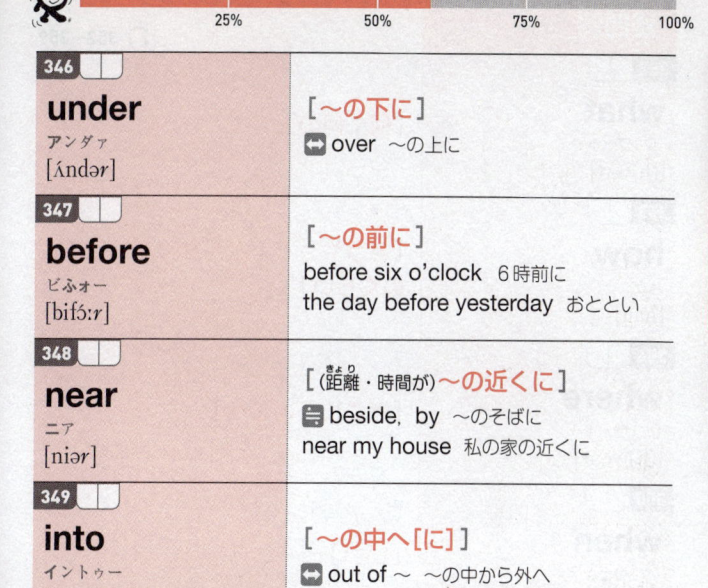

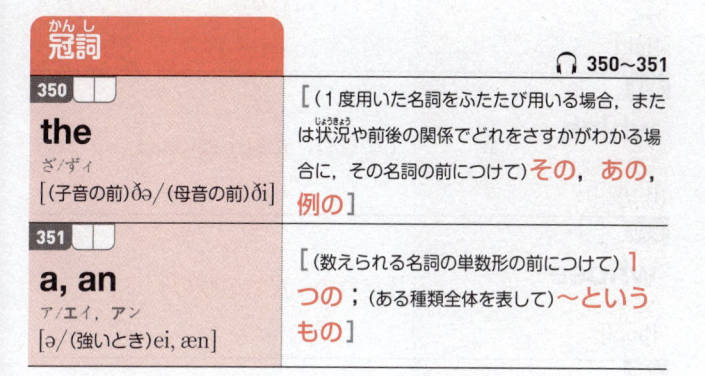

346 under
アンダァ
[ʌ́ndər]

[～の下に]
⇔ over ～の上に

347 before
ビフォー
[bifɔ́ːr]

[～の前に]
before six o'clock 6時前に
the day before yesterday おととい

348 near
ニア
[níər]

[(距離・時間が)～の近くに]
≒ beside, by ～のそばに
near my house 私の家の近くに

349 into
イントゥー
[íntuː]

[～の中へ[に]]
⇔ out of ～ ～の中から外へ

冠詞

🎧 350〜351

350 the
ザ/ズィ
[(子音の前)ðə/(母音の前)ði]

[(1度用いた名詞をふたたび用いる場合，または状況や前後の関係でどれをさすかがわかる場合に，その名詞の前につけて)その，あの，例の]

351 a, an
ア/エイ，アン
[ə/(強いとき)ei, æn]

[(数えられる名詞の単数形の前につけて)1つの；(ある種類全体を表して)～というもの]

疑問詞

352～359

352
what
(フ)ワット
[(h)wʌt]

[何；何の]

353
how
ハウ
[hau]

[どうやって；どんなぐあいで；どのくらい]

354
where
(フ)ウェア
[(h)weər]

[どこに，どこへ]

355
when
(フ)ウェン
[(h)wen]

[いつ]

356
who
フー
[huː]

[だれ，だれが]

357
which
(フ)ウィッチ
[(h)witʃ]

[どちら，どれ；どの～]

358
whose
フーズ
[huːz]

[だれの；だれのもの]

359
why
(フ)ワイ
[(h)wai]

[なぜ，どうして]

数量

🎧 360〜367

360 some
サム
[sʌm]
[いくつかの，いくらかの；ある；一部の]

361 every
エヴリィ
[évri]
[あらゆる，すべての (あとにくる名詞は単数形になる)]

362 much
マッチ
[mʌtʃ]
[たくさんの，多量の]
⇔ a little 少量の

363 many
メニィ
[méni]
[たくさんの，多数の]
⇔ a few 少数の

364 all
オーる
[ɔːl]
[すべての，あらゆる]

365 lot
ら(ー)ット
[lɑ(ː)t]
[たくさん]
a lot of 〜, lots of 〜 たくさんの〜

366 any
エニィ
[éni]
[(疑問文で)いくらかの，何か，だれか；(否定文で)少しも，何も，だれも；(肯定文で)どんな〜でも]

367 more
モー
[mɔːr]
[もっと多数の，もっと多量の]
⇔ fewer もっと少数の　less より少ない

接続詞

368~373

368
and
アンド
[ænd]

[〜と〜；そして]

369
after
アふタァ
[ǽftər]

[〜した後で]

370
but
バット
[bʌt]

[しかし，けれども]

371
or
オー
[ɔːr]

[〜か〜；さもないと]

372
before
ビふォー
[bifɔ́ːr]

[〜する前に]

373
so
ソウ
[sou]

[それで]

助動詞

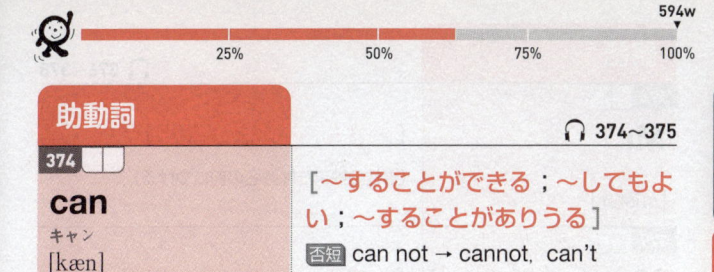

🎧 374〜375

374
can
キャン
[kæn]

[〜することができる；〜してもよい；〜することがありうる]
否短 can not → cannot, can't

375
will
ウィる
[wil]

[〜だろう；〜するつもりだ]
短 I will → I'll   you will → you'll
否短 will not → won't

● Yes, we can.

　アメリカのオバマ大統領のこの言葉(Yes, we can (do).)は、一躍有名になりました。やさしい表現の中に、アメリカ国民の力を信じたいという願いがこめられています。英語の助動詞は断定ではなく、可能性を示します。動詞 do だけなら 100% そうする、can do なら必ずそうできる、will do ならかなりの確率でそうなる、may do なら確率はずっと下がり実現はかなりあやしくなります。

略語

🎧 376〜378

376
Mr.
ミスタァ
[místər]

[〜さん, 〜氏, 〜先生]
(男性の姓または姓名の前につける)

377
Mrs.
ミスィズ
[mísiz]

[〜夫人, 〜さん, 〜先生]
(結婚した女性の姓または姓名の前につける)

378
Ms.
ミズ
[miz]

[〜さん, 〜先生]
(結婚している, していないを区別しないときに, 女性の姓または姓名の前につけて用いる)

ミニテストにチャレンジ!!

1 ビリーは宿題を夕食前にします。
Billy does his homework ( ) dinner.

2 つくえの上に1冊の古いノートがあります。
There is ( ) old notebook on the desk.

3 あなたはどちらのTシャツが好きですか。
( ) T-shirt do you like?

4 もう少しスープはいかがですか。
Do you want ( ) more soup?

5 すみませんが、病院はどこですか。
Excuse me, ( ) where is the hospital?

6 あなたは何日大阪にいられますか。
How many days ( ) you stay in Osaka?

答え **1** before **2** an **3** Which **4** some **5** but **6** can

よくがんばったね! Good job!

英検にでる単語

動詞

動詞

🎧 379～383

379 cut
カット
[kʌt]

[を切る；切れる　图 切ること]

380 skate
スケイト
[skeit]

[スケートをする　图 アイススケートぐつ]
图 skater スケートをする人

381 jump
ヂャンプ
[dʒʌmp]

[とぶ, とび上がる]

382 paint
ペイント
[peint]

[(絵の具で)をかく；にペンキをぬる]
图 paints 絵の具

383 hike
ハイク
[haik]

[ハイキングをする]
go hiking ハイキングに行く

英検にでる単語
名詞

家の中
🎧 384〜390

384 basket
バスケット
[bǽskət]
[かご]

385 bathroom
バすルーム
[bǽθru:m]
[浴室]

386 bedroom
ベッドルーム
[bédru:m]
[寝室]

387 calendar
キャれンダァ
[kǽləndər]
[カレンダー]

388 coat
コウト
[kout]
[コート]

389 coin
コイン
[kɔin]
[硬貨]
参 bill 紙幣

390 diary
ダイアリィ
[dáiəri]
[日記]

がんばれ！ Keep going!

家の中

🎧 391～406

391
doghouse
ド(ー)グハウス
[dɔ́(:)ghaus]

[犬小屋]

392
living
リヴィング
[líviŋ]

[暮らし]
a living room 居間

393
magazine
マガズィーン
[mǽgəzi:n]

[雑誌]

394
package
パケッヂ
[pǽkidʒ]

[荷物, 小包, 箱]

395
pet
ペット
[pet]

[ペット]

396
postcard
ポウス(ト)カード
[póus(t)ka:rd]

[はがき, 絵はがき]

397
poster
ポウスタァ
[póustər]

[ポスター]

398
radio
レイディオウ
[réidiou]

[ラジオ]

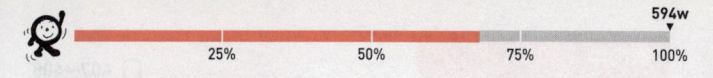

399		
shoes シューズ [ʃuːz]	[くつ] a pair of shoes くつ1足	

400		
shower シャウア [ʃáuər]	[シャワー]	

401		
soap ソウプ [soup]	[石けん]	

402		
sofa ソウふァ [sóufə]	[ソファー]	

403		
telephone テれふォウン [téləfoun]	[電話] ■ phone（telephone の短縮形）	

404		
towel タウ(エ)る [táu(ə)l]	[タオル]	

405		
wall ウォーる [wɔːl]	[かべ；へい]	

406		
case ケイス [keis]	[箱, ケース] 参 bookcase 本箱	

家の中	
407 **backpack** バックパック [bǽkpæk]	[バックパック, リュック]
408 **skirt** スカート [skə:rt]	[スカート]

● くつは「1」足でも複数形!?

くつは右と左の2つを合わせて1足。英語では˟a shoes のように単数を表す冠詞と複数形の名詞を続けて使うことができませんから、a pair of shoes のように数えます。このように、2つがセットになってしか使えないものは、a pair of をつけて数えます。例えば、a pair of socks (ソックス), a pair of jeans (ジーンズ), a pair of glasses (めがね) と身の回りにたくさんありますね。ちなみに、くつ2足は two pairs of shoes です。

学校

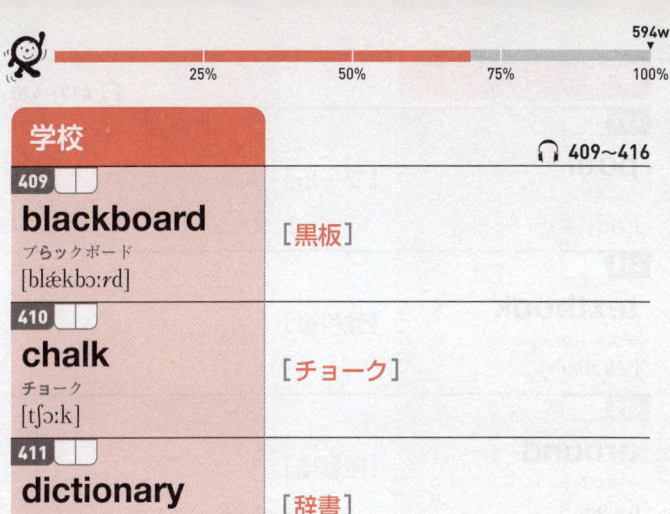

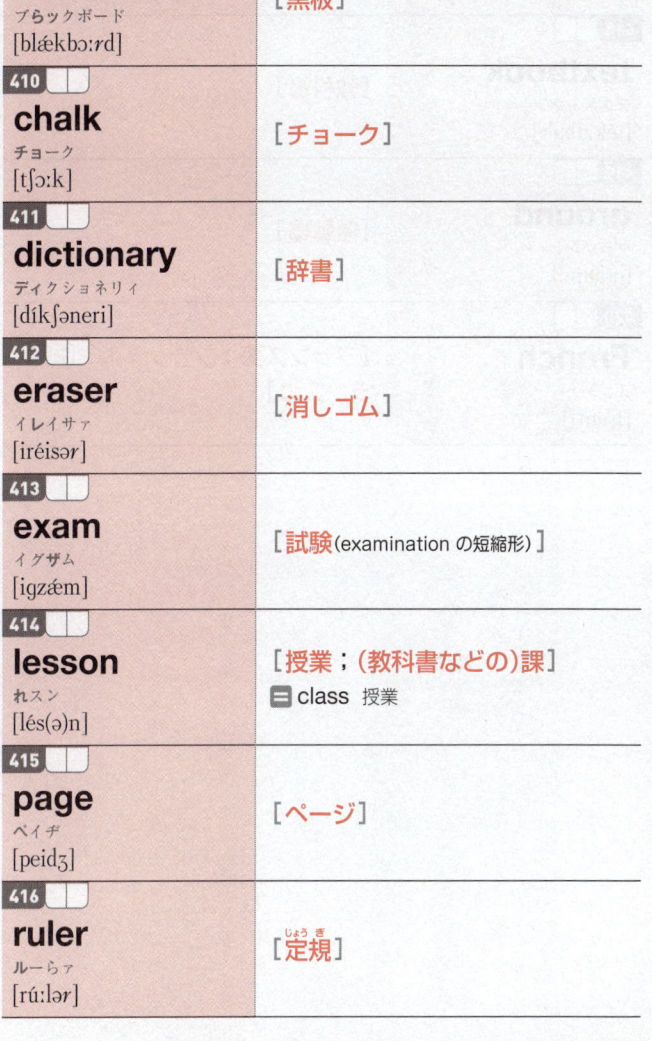

🎧 409〜416

409
blackboard
ブラックボード
[blǽkbɔːrd]

[黒板]

410
chalk
チョーク
[tʃɔːk]

[チョーク]

411
dictionary
ディクショネリィ
[díkʃəneri]

[辞書]

412
eraser
イレイサァ
[iréisər]

[消しゴム]

413
exam
イグザム
[igzǽm]

[試験(examination の短縮形)]

414
lesson
れスン
[lés(ə)n]

[授業；(教科書などの)課]
= class 授業

415
page
ペイヂ
[peidʒ]

[ページ]

416
ruler
ルーらァ
[rúːlər]

[定規]

学校

🎧 417〜420

417

pool
プール
[puːl]

[プール]

418

textbook
テクストブック
[tékstbuk]

[教科書]

419

ground
グラウンド
[graund]

[運動場]

420

French
ふレンチ
[frentʃ]

[フランス語；フランス人　形 フランスの]

人・職業

🎧 421~426

421
dancer
ダンサァ
[dǽnsər]

[ダンサー, おどる人]

422
driver
ドゥライヴァ
[dráivər]

[運転手]

423
pianist
ピアニスト
[piǽnəst]

[ピアニスト]

424
pilot
パイろット
[páilət]

[パイロット]

425
waiter
ウェイタァ
[wéitər]

[ウエーター]
参 waitress ウエートレス

426
worker
ワ~カァ
[wə́ːrkər]

[働く人]

街

🎧 427〜438

427
ticket
ティケット
[tíkət]

[切符, チケット]

428
tower
タウア
[táuər]

[塔, タワー]

429
theater
すィエタァ
[θíətər]

[劇場；映画館]

430
taxi
タクスィ
[tǽksi]

[タクシー]

431
ship
シップ
[ʃip]

[(大型の)船]

432
post
ポウスト
[poust]

[(英)郵便]
= mail(米)
the post 郵便箱((米)mailbox)

433
police
ぽリース
[pəlíːs]

[警察]
参 policeman, policewoman (1人の)警察官

434
office
ア(ー)ふィス
[á(ː)fəs]

[事務所, 会社；役所]
a post office 郵便局

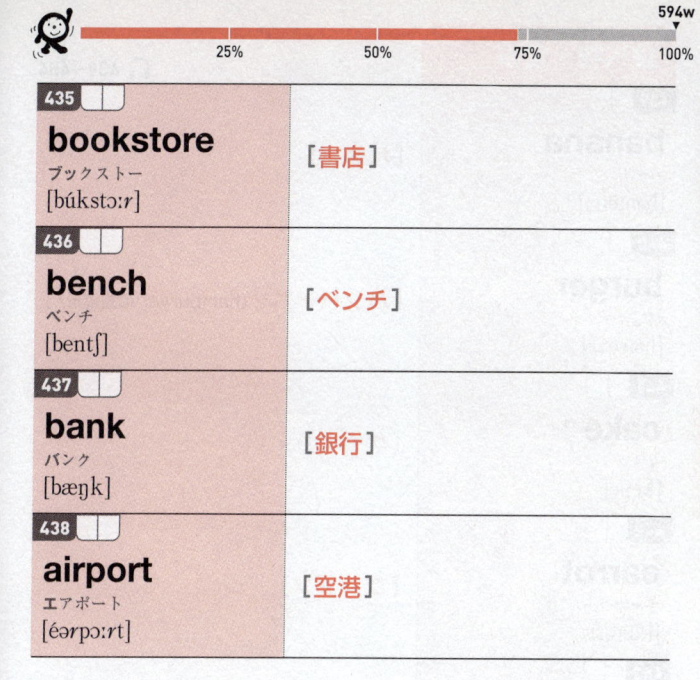

435		
bookstore ブックストー [búkstɔːr]	[書店]	

436		
bench ベンチ [bentʃ]	[ベンチ]	

437		
bank バンク [bæŋk]	[銀行]	

438		
airport エアポート [éərpɔːrt]	[空港]	

食べ物・食事

🎧 439〜454

439

banana
バナナ
[bənǽnə]

[バナナ]

440

burger
バ〜ガァ
[bə́ːrgər]

[ハンバーガー（hamburger の短縮形）]

441

cake
ケイク
[keik]

[ケーキ]

442

carrot
キャロット
[kǽrət]

[ニンジン]

443

chocolate
チョ(ー)クレット
[tʃɔ́ːklət]

[チョコレート]

444

cream
クリーム
[kriːm]

[クリーム]
ice cream　アイスクリーム

445

cucumber
キューカンバァ
[kjúːkʌmbər]

[キュウリ]

446

grape
グレイプ
[greip]

[ブドウ]

447
ham
ハム
[hæm]

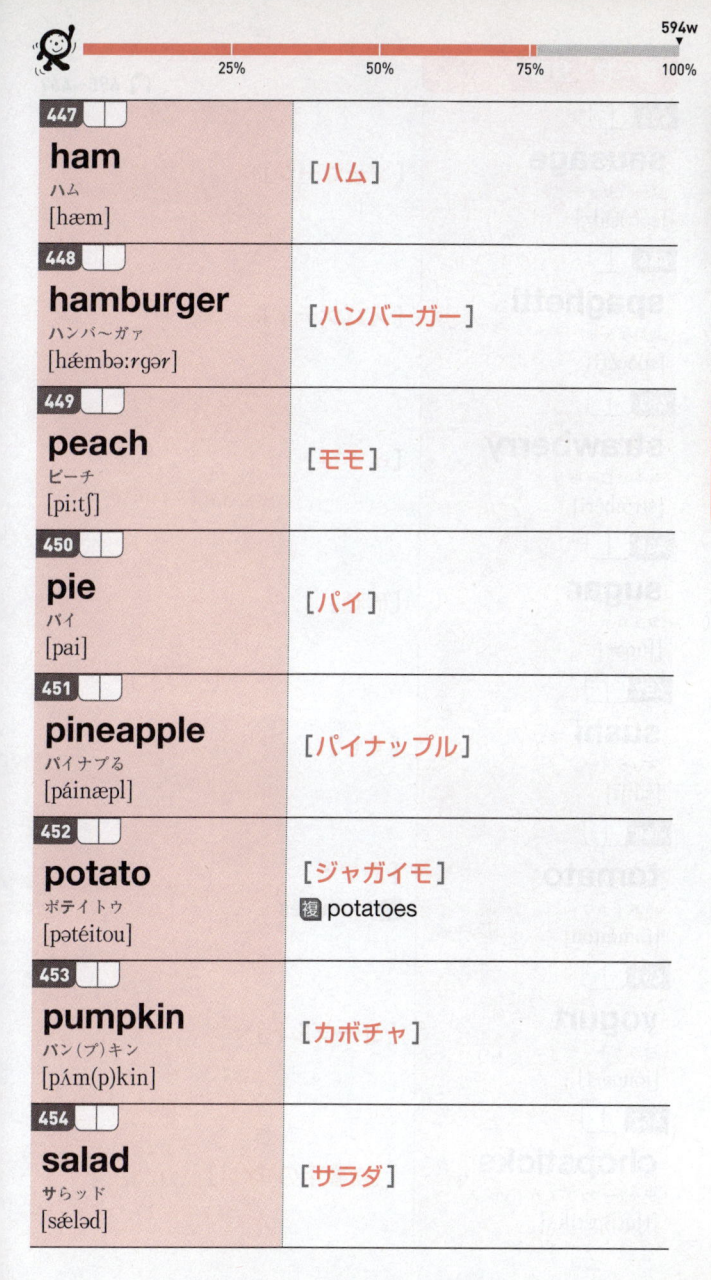

[ハム]

448
hamburger
ハンバ〜ガァ
[hǽmbə:rgər]

[ハンバーガー]

449
peach
ピーチ
[pi:tʃ]

[モモ]

450
pie
パイ
[pai]

[パイ]

451
pineapple
パイナプる
[páinæpl]

[パイナップル]

452
potato
ポテイトウ
[pətéitou]

[ジャガイモ]
複 potatoes

453
pumpkin
パン(プ)キン
[pʌ́m(p)kin]

[カボチャ]

454
salad
サらッド
[sǽləd]

[サラダ]

やるね！ Good going!

食べ物・食事

🎧 455〜467

455
sausage
ソ(ー)セッヂ
[sɔ́(:)sidʒ]

[ソーセージ]

456
spaghetti
スパゲティ
[spəɡéti]

[スパゲティ]

457
strawberry
ストゥローベリィ
[strɔ́:bèri]

[イチゴ]

458
sugar
シュガァ
[ʃúɡər]

[砂糖]

459
sushi
スーシィ
[sú:ʃi]

[すし]

460
tomato
トメイトウ
[təméitou]

[トマト]
複 tomatoes

461
yogurt
ヨウガト
[jóuɡərt]

[ヨーグルト]

462
chopsticks
チャ(ー)ップスティックス
[tʃá(:)pstiks]

[(食事用の)はし]

86

463
dessert
ディザ~ト
[dizə́ːrt]

[デザート]

464
glass
グらス
[glæs]

[コップ；ガラス]

465
knife
ナイふ
[naif]

[ナイフ]

466
lunchbox
らンチバ(ー)ックス
[lʌ́ntʃbɑ(ː)ks]

[ランチボックス，弁当箱]

467
plate
プれイト
[pleit]

[(浅い)皿]
≒ dish 皿

スポーツ

🎧 468〜470

468

badminton
バドミントゥン
[bǽdmint(ə)n]

[バドミントン]

469

bicycle
バイスィクる
[báisikl]

[自転車]
= bike

470

softball
ソ(ー)ふトボーる
[sɔ́(:)ftbɔ:l]

[ソフトボール]

動物・自然

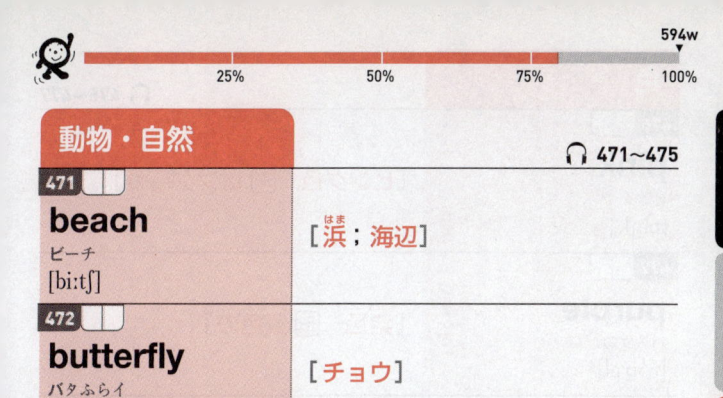

🎧 471〜475

471
beach
ビーチ
[biːtʃ]

[浜；海辺]

472
butterfly
バタふライ
[bʌ́tərflai]

[チョウ]

473
monkey
マンキィ
[mʌ́ŋki]

[サル]

474
rabbit
ラビット
[rǽbət]

[ウサギ]

475
rose
ロウズ
[rouz]

[バラ]

色

476
pink
ピンク
[piŋk]

[ピンク色　形 ピンク色の]

477
purple
パ〜プる
[pə́ːrpl]

[紫色　形 紫色の]

● 虹はどこでも7色？

日本では虹の色を数えるとき，外側から，赤・橙・黄・緑・青・藍・紫と分けますが，英語では虹の内側から，violet, blue, green, yellow, orange, red と6色を数えます。同じ虹を見ても，色の分け方がちがうのですね。虹の7色を決めたのは，万有引力の法則を発見したことで有名な Isaac Newton（アイザック・ニュートン）。英語では中間色の名前が一般に知られていなかったため6色がふつうになったようです。

音楽

🎧 478~482

478
band
バンド
[bænd]
[バンド]

479
concert
カ(ー)ンサト
[ká(ː)nsərt]
[音楽会, コンサート]

480
drum
ドゥラム
[drʌm]
[ドラム]

481
harmonica
ハーマ(ー)ニカ
[hɑːrmá(ː)nikə]
[ハーモニカ]

482
violin
ヴァイオリン
[vàiəlín]
[バイオリン]

単位

483
cent
セント
[sent]

[(米国・カナダなどの貨幣(かへい)単位)セント]

484
centimeter
センティミータァ
[séntəmìːtər]

[センチメートル]
略 c., cm., cm

485
kilogram
キログラム
[kíləgræm]

[キログラム]
略 kg., kg

486
yen
イェン
[jen]

[(日本の貨幣単位)円]

体

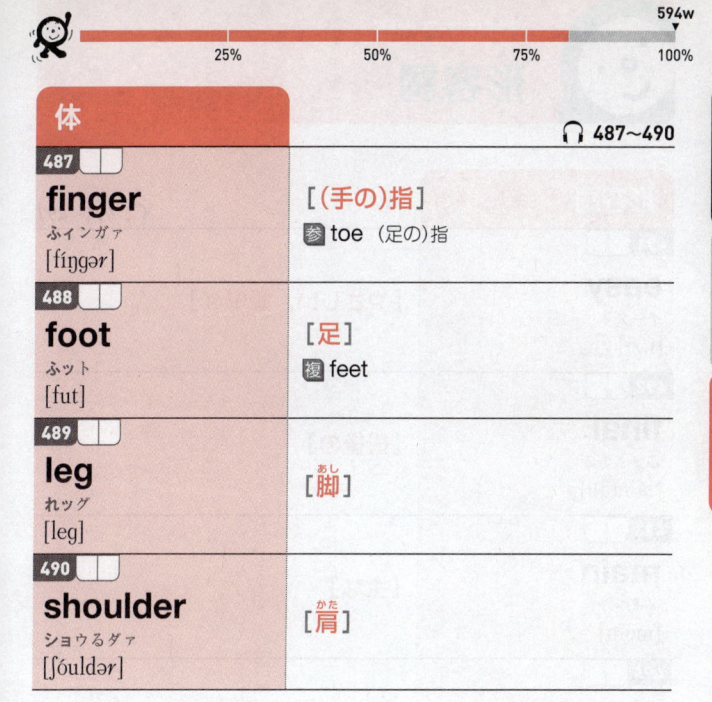

🎧 487〜490

487
finger
ふィンガァ
[fíŋgər]

[(手の)指]
参 toe (足の)指

488
foot
ふット
[fut]

[足]
複 feet

489
leg
れッグ
[leg]

[脚]

490
shoulder
ショウるダァ
[ʃóuldər]

[肩]

英検にでる単語 形容詞

形容詞

🎧 491〜497

491 easy
イーズィ [íːzi]
[やさしい, 簡単な]

492 final
ふァイナる [fáin(ə)l]
[最後の]

493 main
メイン [mein]
[主な]

494 slow
スろウ [slou]
[遅い　副 ゆっくりと]
⇔ fast, quick 速い

495 soft
ソ(ー)ふト [sɔ(ː)ft]
[やわらかい]
⇔ hard かたい

496 sweet
スウィート [swiːt]
[あまい]

497 windy
ウィンディ [wíndi]
[風の吹く, 風の強い]

ミニテストにチャレンジ!!

1 うちの犬はとても高くとび上がることができる。
Our dog can (　　　) very high.

2 黒板を見てください。
Please look at the (　　　).

3 私たちの町には大きな劇場があります。
There is a big (　　　) in our city.

4 ハンバーガーとチョコレートアイスクリームをお願いします。
A (　　　) and a chocolate ice cream, please.

5 お父さん，チョウが肩(かた)にとまっているよ。
Dad, there is a (　　　) on your shoulder.

6 このブドウはとってもあまい。
These grapes are very (　　　).

答え **1** jump　**2** blackboard　**3** theater
　　4 hamburger, burger　**5** butterfly　**6** sweet

やったね！ Way to go!

数・序数

数

🎧 498〜522

1	498	**one**	ワン [wʌn]
2	499	**two**	トゥー [tuː]
3	500	**three**	スリー [θriː]
4	501	**four**	フォー [fɔːr]
5	502	**five**	ファイヴ [faiv]
6	503	**six**	スィックス [siks]
7	504	**seven**	セヴン [sév(ə)n]
8	505	**eight**	エイト [eit]
9	506	**nine**	ナイン [nain]
10	507	**ten**	テン [ten]
11	508	**eleven**	イレヴン [ilév(ə)n]
12	509	**twelve**	トゥウェるヴ [twelv]

13	510	**thirteen**	さ〜ティーン [θə:rtí:n]
14	511	**fourteen**	ふォーティーン [fɔ:rtí:n]
15	512	**fifteen**	ふィふティーン [fiftí:n]
16	513	**sixteen**	スィクスティーン [sìkstí:n]
17	514	**seventeen**	セヴンティーン [sèv(ə)ntí:n]
18	515	**eighteen**	エイティーン [èití:n]
19	516	**nineteen**	ナインティーン [nàintí:n]
20	517	**twenty**	トゥウェンティ [twénti]
30	518	**thirty**	さ〜ティ [θə́:rti]
40	519	**forty**	ふォーティ [fɔ́:rti]
50	520	**fifty**	ふィふティ [fífti]
60	521	**sixty**	スィクスティ [síksti]
70	522	**seventy**	セヴンティ [sév(ə)nti]

準備はいい? Are you ready?

数

80	**523** eighty	エイティ [éiti]
90	**524** ninety	ナインティ [náinti]
100	**525** hundred	ハンドゥレッド [hʌ́ndrəd]
1000	**526** thousand	サウザンド [θáuz(ə)nd]

序数

🎧 527〜538

1番目の	527	**first**	ふァ〜スト [fə:rst]
2番目の	528	**second**	セカンド [sék(ə)nd]
3番目の	529	**third**	さ〜ド [θə:rd]
4番目の	530	**fourth**	ふォーす [fɔ:rθ]
5番目の	531	**fifth**	ふィふす [fifθ]
6番目の	532	**sixth**	スィックスす [siksθ]
7番目の	533	**seventh**	セヴンす [sév(ə)nθ]
8番目の	534	**eighth**	エイトゥす [eitθ]
9番目の	535	**ninth**	ナインす [nainθ]
10番目の	536	**tenth**	テンす [tenθ]
11番目の	537	**eleventh**	イれヴンす [ilév(ə)nθ]
12番目の	538	**twelfth**	トゥウエるふす [twelfθ]

単語編

数・序数

代名詞

	主格 ~は	所有格 ~の
私	539 **I** アイ [ai]	540 **my** マイ [mai]
あなた / あなたたち	543 **you** ユー [juː]	544 **your** ユア [juər]
彼（かれ）	547 **he** ヒー [hiː]	548 **his** ヒズ [hiz]
彼女（かのじょ）	551 **she** シー [ʃiː]	552 **her** ハ〜 [həːr]
それ	555 **it** イット [it]	556 **its** イッツ [its]
私たち	558 **we** ウィー [wiː]	559 **our** アウア [áuər]
彼[彼女]ら / それら	562 **they** ゼイ [ðei]	563 **their** ゼア [ðeər]

100

🎧 539〜565

目的格	所有代名詞
〜を	〜のもの
541 me ミー [miː]	**542** mine マイン [main]
545 you ユー [juː]	**546** yours ユアズ [juərz]
549 him ヒム [him]	**550** his ヒズ [hiz]
553 her ハ〜 [həːr]	**554** hers ハ〜ズ [həːrz]
557 it イット [it]	
560 us アス [ʌs]	**561** ours アウアズ [áuərz]
564 them ゼム [ðem]	**565** theirs ゼアズ [ðeərz]

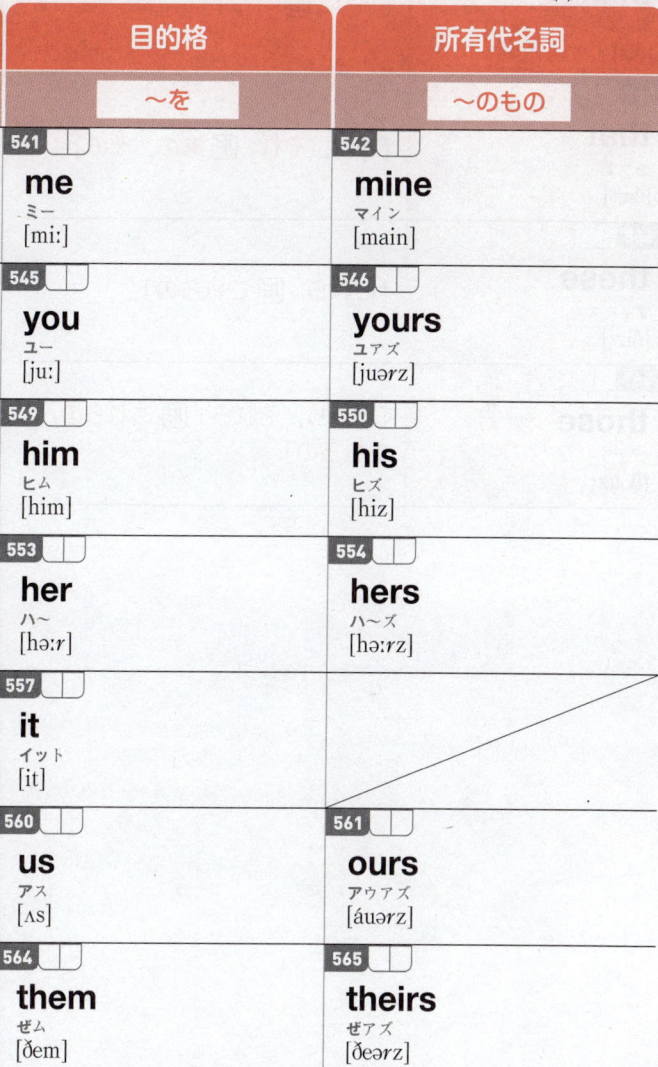

指示代名詞

🎧 566～569

566
this
ズィス
[ðis]

[これ 形 この]

567
that
ザット
[ðæt]

[あれ, それ 形 あの, その]

568
these
ズィーズ
[ðiːz]

[これら 形 これらの]

569
those
ゾウズ
[ðouz]

[あれら, それら 形 あれらの, それらの]

ミニテストにチャレンジ!!

❶ ロッドのお姉さんは15歳です。
Rod's sister is (　　　) years old.

❷ 私たちのクラスには30人生徒がいます。
There are (　　　) students in our class.

❸ 私たちの教室は3階にあります。
Our classroom is on the (　　　) floor.

❹ 彼のコンサートは12日です。
His concert is on the (　　　).

❺ これらのペンはあなたのものですか。
Are these pens (　　　)?

❻ これはあなたへの誕生日プレゼントです。
(　　　) is a birthday present for you.

答え ❶ fifteen ❷ thirty ❸ third ❹ twelfth ❺ yours
❻ This

すごいね！Great!

1周目	2周目
/	/

熟語編

25

動詞を中心とした熟語 …… 106

そのほかの熟語 …………… 111

ミニテスト ………………… 113

英検5級によくでる熟語を，動詞を中心としたものと，そのほかのものに分けて，でる順で掲載しています。例文で正しい熟語の使い方を確認しましょう。

動詞を中心とした熟語

🎧 570〜577

570
look at 〜 ［〜を見る，〜に目を向ける］

Please **look at** the camera.
カメラ**を見て**ください。

571
listen to 〜 ［〜を聞く，〜に耳をかたむける］

He sometimes **listens to** CDs with his friends.
彼はときどき友だちとCD**を聞き**ます。

572
sit down ［すわる］

Sit down, please.
どうぞお**すわり**ください。

573
stand up ［立ち上がる］

Please **stand up**.
立ってください。

574

get up [起きる，立ち上がる]

I usually **get up** at seven.
私はふつう7時に**起き**ます。

575

come from ~ [~の出身である]

Where do you **come from**? — I **come from** Tokyo.
「どちら**のご出身ですか**」「東京です」

576

come to ~ [~に来る]

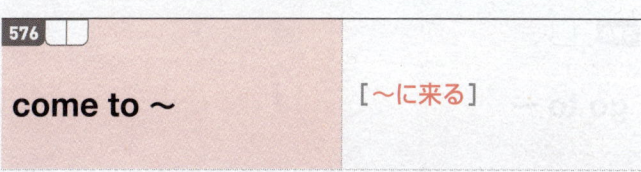

Can you **come to** my house today?
きょう私の家**に来**られますか。

577

come in [入る]

Please **come in**. The door is open.
お**入り**ください。ドアはあいています。

再開だ！ Let's start again!

578

come on

[(命令形で)さあ行こう,早く早く,さあ来い]

Come on, let's go to school.
早く早く,学校に行こう。

579

go ~ing

[~しに行く]

Let's **go swimming** in the river.
川に泳ぎに行きましょう。

580

go to ~

[~へ行く]

Let's **go to** the library, Andy.
図書館に行こうよ,アンディ。

581

go home

[家に帰る]

Let's **go home** now.
もう家に帰りましょう。

582

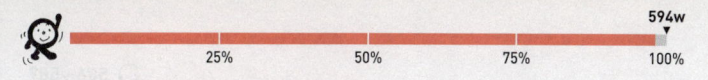

go out — [出ていく, 外出する]

She **goes out** for a walk in the afternoon.
彼女は午後に散歩に**出かけ**ます。

583

like ~ing — [~することが好きである]

I **like cooking** very much.
私は**料理をすることが**大好きです。

584

take a picture [photo] — [(カメラで)写真をとる]

Let's **take** some **pictures** with this camera.
このカメラで何枚か**写真をとり**ましょう。

585

talk about [of] ~ — [~について話をする, ~を話し合う]

We **talk about** many things in class.
私たちは授業でたくさんのこと**を話し合い**ます。

586

talk with [to] ～

［～と話をする，～に相談する，～に話しかける］

I sometimes **talk with** her on the phone.
私はときどき電話で彼女と話します。

587

tell A about B

［BについてA（人）に教える］

Please **tell** me **about** your country.
あなたの国について教えてください。

そのほかの熟語

🎧 588〜591

588
a lot of 〜　[たくさんの〜]
= lots of 〜

Nancy has **a lot of** comic books.
ナンシーは**たくさん**漫画の本を持っています。

589
a cup of 〜　[1杯の〜]

Can you make **a cup of** hot chocolate?
ホットチョコレートを**1杯**作ってくれますか。

590
a glass of 〜　[コップ1杯の〜]

I want **a glass of** milk, Mom.
お母さん，ミルクが**1杯**欲しいな。

591
over there　[向こうに，あそこに]

The bank is **over there**.
銀行は**向こうに**あります。

592

time for ~

[〜の時間]

It's **time for** bed.
寝る**時間**です。

593

_be_ late for ~

[〜に遅刻する, 〜に遅れる]

Don't **be late for** school.
学校**に遅刻**しないように。

594

from _A_ to _B_

[(場所, 時, 範囲など) A から B まで]

The store is open **from** 10:00 a.m. **to** 6:00 p.m.
その店は午前10時**から**午後6時**まで**あいています。

ミニテストにチャレンジ!!

1 壁の写真を見て。

(　　　) (　　　) the picture on the wall.

2 私の母は朝早く起きます。

My mother (　　　) (　　　) early in the morning.

3 私たちは毎年夏に湖に泳ぎに行きます。

We (　　　) (　　　) in the lake every summer.

4 弟はよく電車の写真をとります。

My brother often (　　　) (　　　) of trains.

5 箱の中にたくさんキャンディーが入っています。

There are (　　　) (　　　) (　　　) candies in the box.

6 ジョンは向こうで本を読んでいます。

John is reading a book (　　　) (　　　).

答え **1** Look at **2** gets up **3** go swimming **4** takes pictures **5** a lot of **6** over there

わかった？ Got it?

定型表現編

93

1周目	2周目
/	/

- 短い応答 ··············· 116
- あいさつ ··············· 120
- お礼・おわび ········· 124
- いろいろな質問 ······ 125
- 申し出・依頼・誘い ··· 130
- 命令・禁止 ············ 132

日常会話でよく用いられる定型表現を，英検5級に出題されるものを中心に掲載しています。実際の会話の様子を思いうかべながら，しっかり覚えましょう。

短い応答

🎧 001〜012

001
Yes.

はい。

002
No.

いいえ。

003
Oh.

おお。；おや。；あら。(驚き，喜び，悲しみ，非難などを表す)

004
Hey!

ねえ！

005
Wow!

わあ！

006
OK.

いいとも。

007

Sure.

いいですよ。; もちろん。

008

All right.

いいですよ。

009

I see.

わかりました。

010

Good idea.

よい考えですね。

011

Of course.

もちろんです。

012

That's right.

そのとおりです。

言えるかな？ Can you say that?

013
You're right.

あなたの言うとおりです。

014
Here you are.

はい, どうぞ。

015
Me, too.

私もです。

016
Yes, please.

はい, お願いします。

017
No, thanks.

いいえ, けっこうです。

018
You're welcome.

どういたしまして。(お礼に対して)

019

That's OK.

だいじょうぶですよ。（おわびに対して）

020

Yes, let's.

ええ，そうしましょう。（Let's 〜. の誘いに対して）

あいさつ

🎧 021〜032

021

Hello.

こんにちは。;(電話で)もしもし。

022

Hi.

やあ。;(電話で)もしもし。

023

My name is Jay Smith.

私の名前はジェイ・スミスです。

024

I'm Steve.

私はスティーブです。

025

This is my friend, Kate.

こちらは私の友だちのケイトです。

026

Nice to meet you.

はじめまして。

027

Welcome to Japan.

日本へようこそ。

028

How are you?

お元気ですか。

029

How are you doing?

いかがお過ごしですか。

030

Fine, thanks. And you?

元気です,ありがとう。あなたは?

031

How about you?

あなたはどうですか。

032

Good morning.

おはよう。

定型表現編 あいさつ

033
Good evening.

こんばんは。

034
Good night.

おやすみなさい。

035
Goodbye.

さようなら。

036
Bye.

さようなら。

037
See you later.

またあとで。; さようなら。

038
See you tomorrow.

またあした。

039
See you on Wednesday.

また水曜日に。

040
Have a nice day.

よい1日を。

041
Have a nice weekend.

よい週末を。

042
Have a good night's sleep.

ぐっすり眠ってね。

043
Thanks. You, too.

ありがとう。君も。

お礼・おわび

🎧 044〜048

044

Thanks a lot.

どうもありがとう。

045

Thank you very much.

どうもありがとうございます。

046

Thank you for your letter.

お手紙ありがとう。

047

I'm sorry.

ごめんなさい。

048

Excuse me.

すみません。

いろいろな質問

🎧 049〜054

049
Is this your bag?

これはあなたのかばんですか。

050
Is your mother at home?

お母さんは家にいますか。

051
Are you all right?

だいじょうぶですか。

052
Are you busy today?

きょうはいそがしいですか。

053
Do you have a dictionary?

辞書を持っていますか。

054
Do you speak Japanese?

日本語を話しますか。

あと少し！ You're almost done!

🎧 055〜066

055

Do you want more salad?

もっとサラダを食べますか。

056

Do you want tea or coffee?

紅茶がほしいですか，それともコーヒーがいいですか。

057

Does this train go to Kyoto Station?

この電車は京都駅に行きますか。

058

What's your telephone number?

あなたの電話番号は何番ですか。

059

What's for dinner tonight?

今晩の夕食は何ですか。

060

What are you doing?

何をしているのですか。

061
What do you have in your bag?

かばんの中に何が入っていますか。

062
What kind of music do you like?

どんな種類の音楽が好きですか。

063
Who is Anne?

アンってだれですか。

064
Who is having coffee with Judy?

ジュディとコーヒーを飲んでいるのはだれですか。

065
When is your birthday?

あなたの誕生日はいつですか。

066
Where is the bookstore?

書店はどこですか。

067
Where are you from?

どちらのご出身ですか。

068
Where do you play baseball?

あなたはどこで野球をしますか。

069
Where can I get tickets?

どこでチケットを買えますか。

070
Which cake do you want?

どちらのケーキがほしいですか。

071
Whose bike is that?

あれはだれの自転車[オートバイ]ですか。

072
How is the weather today?

きょうの天気はどうですか。

073

How do you go to school?

どのように学校に行きますか。

074

How many CDs do you have?

CDを何枚持っていますか。

075

How much are these oranges?

これらのオレンジはいくらですか。

076

How about this one?

こちらはどうですか。

申し出・依頼・誘い

🎧 077〜088

077
Can I help you?

何をさしあげましょうか。(客に対する店員のことば)

078
Can I have some milk?

ミルクをもらえますか。

079
Can I have the pepper, please?

コショウをいただけますか。

080
Can we come to your house today?

きょうぼくたちは君の家に行っていいですか。

081
Can you help me?

手伝ってもらえますか。

082
Can you open the window?

窓をあけてもらえますか。

083

Can you make lunch for me?

私に昼食を作ってくれますか。

084

Let's have a glass of orange juice.

オレンジジュースを1杯(はい)飲みましょう。

085

Let's have some tea and ice cream.

紅茶とアイスクリームを食べましょう。

086

Let's play video games this afternoon.

きょうの午後, テレビゲームをしましょう。

087

Please close the window.

どうぞ窓を閉めてください。

088

Please come to my birthday party.

私の誕生日パーティーにどうぞ来てください。

命令・禁止

🎧 089～093

089
Look at this picture.

この写真を見て。

090
Wash your face before breakfast.

朝食の前に顔を洗いなさい。

091
Don't run.

走ってはいけません。

092
Don't watch TV now.

今テレビを見てはいけません。

093
You can't eat in the classroom.

教室で食べてはいけません。

定型表現編 命令・禁止

● No は禁止のマーク！

英語圏では，No 〜 と書かれた看板や標識をよく見かけます。さて，次の標識の意味を知っていますか。No Bicycle（自転車通行止め），No Parking（駐車禁止），No Left Turn（左折禁止）。このような道路標識は一目で理解できないと大変な事故につながります。それでは，No Littering（ごみ捨てるな），No Photos（撮影禁止）はどうですか。とにかく No が禁止の意味であることさえわかれば No problem!（問題ない！）ですね。

おつかれさま！ Well done!

133

さくいん

単語編

A

- a, an 67
- about 66
- after [前置詞] 66
- after [接続詞] 70
- afternoon 23
- again 63
- airport 83
- all 69
- also 62
- always 62
- American 51
- and 70
- animal 41
- any 69
- apple 34
- April 44
- art 26
- at 65
- August 45
- aunt 38
- Australia 51

B

- backpack 78
- badminton 88
- bag 20
- ball 40
- banana 84
- band 91
- bank 83
- baseball 39
- basket 75
- basketball 39
- bathroom 75
- beach 89
- beautiful 57
- bed 20
- bedroom 75
- before [前置詞] 67
- before [接続詞] 70
- begin 16
- bench 83
- bicycle 88
- big 54
- bike 39
- bird 41
- birthday 49
- black 46
- blackboard 79
- blue 46
- book 19
- bookstore 83
- box 20
- boy 29
- bread 36
- breakfast 34
- bridge 33
- brother 37
- brown 46
- brush 15
- burger 84
- bus 31
- busy 58
- but 70
- butterfly 89
- buy 11
- by 66

C

- cafeteria 26
- cake 84
- calendar 75
- camera 21
- camp 16
- can 71
- Canada 51
- cap 22
- car 32
- carrot 84
- case 77
- cat 41
- CD 48
- cent 92
- centimeter 92
- chair 19
- chalk 79
- chocolate 84
- chopsticks 86
- city 32
- class 25
- classmate 27
- classroom 25
- clean 16
- clock 21
- close 14
- cloudy 55

☐ club	26	☐ doghouse	76	☐ fifth	99
☐ coat	75	☐ dollar	50	☐ fifty	97
☐ coffee	35	☐ door	22	☐ final	94
☐ coin	75	☐ down	62	☐ fine	55
☐ cold	55	☐ drink	13	☐ finger	93
☐ color	46	☐ driver	81	☐ first	99
☐ come	11	☐ drum	91	☐ fish	41
☐ comic	20			☐ five	96
☐ computer	21	**E**		☐ flower	41
☐ concert	91	☐ easy	94	☐ flute	48
☐ cook	11	☐ eat	11	☐ food	35
☐ cookie	35	☐ egg	36	☐ foot	93
☐ country	51	☐ eight	96	☐ football	40
☐ cream	84	☐ eighteen	97	☐ for	65
☐ cucumber	84	☐ eighth	99	☐ forty	97
☐ cup	21	☐ eighty	98	☐ four	96
☐ cut	74	☐ eleven	96	☐ fourteen	97
☐ cute	57	☐ eleventh	99	☐ fourth	99
		☐ e-mail	22	☐ French	80
D		☐ English	51	☐ Friday	43
☐ dance	15	☐ enjoy	16	☐ friend	29
☐ dancer	81	☐ eraser	79	☐ from	66
☐ date	24	☐ evening	23	☐ fruit	35
☐ daughter	38	☐ every	69		
☐ day	23	☐ exam	79	**G**	
☐ December	45			☐ game	39
☐ desk	26	**F**		☐ garden	22
☐ dessert	87	☐ face	52	☐ get	13
☐ diary	75	☐ fall	49	☐ girl	29
☐ dictionary	79	☐ family	37	☐ give	17
☐ dinner	34	☐ fast	62	☐ glass	87
☐ dish	36	☐ father	37	☐ go	10
☐ do	10	☐ favorite	58	☐ good	54
☐ doctor	29	☐ February	44	☐ grandfather	38
☐ dog	41	☐ fifteen	97	☐ grandmother	37

- grape 84
- great 57
- green 46
- ground 80
- guitar 48
- gym 27

H

- hair 52
- ham 85
- hamburger 85
- hand 52
- happy 56
- harmonica 91
- hat 20
- have 10
- he 100
- head 52
- help 14
- her [所有格] 100
- her [目的格] 101
- here 60
- hers 101
- high 55
- hike 74
- him 101
- his [所有格] 100
- his [所有代名詞] 101
- history 27
- home 19
- homework 25
- hospital 33
- hot 56
- hour 23
- house 19
- how 68
- hundred 98
- hungry 56

I

- I 100
- ice 34
- idea 25
- in [副詞] 60
- in [前置詞] 65
- into 67
- it [主格] 100
- it [目的格] 101
- its 100

J

- jacket 22
- January 44
- Japan 51
- Japanese 51
- job 30
- juice 34
- July 44
- jump 74
- June 44

K

- kilogram 92
- kind 57
- kitchen 21
- knife 87
- know 13

L

- last 58
- learn 17
- leg 93
- lesson 79
- letter 20
- library 31
- like 10
- listen 14
- little 56
- live 12
- living 76
- long 55
- look 13
- lot 69
- love 15
- lunch 34
- lunchbox 87

M

- magazine 76
- main 94
- make 11
- man 29
- many 69
- March 44
- math 26
- May 44
- me 101
- meat 36
- meet 14
- meter 50
- milk 34
- mine 101
- Monday 43
- monkey 89
- month 44

☐ more	69	
☐ morning	23	
☐ mother	37	
☐ mountain	42	
☐ mouth	52	
☐ movie	32	
☐ Mr.	72	
☐ Mrs.	72	
☐ Ms.	72	
☐ much	69	
☐ music	48	
☐ my	100	

N

- ☐ name 25
- ☐ near [形容詞] 56
- ☐ near [前置詞] 67
- ☐ need 16
- ☐ new 54
- ☐ newspaper 21
- ☐ next 55
- ☐ nice 54
- ☐ night 24
- ☐ nine 96
- ☐ nineteen 97
- ☐ ninety 98
- ☐ ninth 99
- ☐ not 61
- ☐ notebook 27
- ☐ November 45
- ☐ now 60
- ☐ number 27

O

- ☐ October 45
- ☐ of 66
- ☐ off 62
- ☐ office 82
- ☐ officer 30
- ☐ often 61
- ☐ old 54
- ☐ on [副詞] 60
- ☐ on [前置詞] 65
- ☐ one 96
- ☐ open 11
- ☐ or 70
- ☐ orange [食べ物] 35
- ☐ orange [色] 46
- ☐ our 100
- ☐ ours 101
- ☐ out 62
- ☐ over 61

P

- ☐ package 76
- ☐ page 79
- ☐ paint 74
- ☐ park 31
- ☐ party 49
- ☐ P.E. 27
- ☐ peach 85
- ☐ pen 26
- ☐ pencil 27
- ☐ people 29
- ☐ pet 76
- ☐ phone 21
- ☐ pianist 81
- ☐ piano 48
- ☐ picture 19
- ☐ pie 85

- ☐ pilot 81
- ☐ pineapple 85
- ☐ pink 90
- ☐ pizza 35
- ☐ place 33
- ☐ plane 32
- ☐ plate 87
- ☐ play 10
- ☐ player 29
- ☐ police 82
- ☐ pool 80
- ☐ post 82
- ☐ postcard 76
- ☐ poster 76
- ☐ potato 85
- ☐ practice 17
- ☐ present 49
- ☐ pretty [形容詞] 54
- ☐ pretty [副詞] 60
- ☐ pumpkin 85
- ☐ purple 90
- ☐ put 15

R

- ☐ rabbit 89
- ☐ racket 39
- ☐ radio 76
- ☐ rain 13
- ☐ rainy 56
- ☐ read 11
- ☐ ready 58
- ☐ really 63
- ☐ red 46
- ☐ restaurant 32
- ☐ rice 35

☐ right [名詞]	31	
☐ right [形容詞]	54	
☐ river	42	
☐ rock	42	
☐ room	19	
☐ rose	89	
☐ ruler	79	
☐ run	12	

S

☐ salad	85
☐ sandwich	35
☐ Saturday	43
☐ sausage	86
☐ school	25
☐ science	26
☐ second [名詞]	24
☐ second [副詞]	62
☐ second [序数]	99
☐ see	11
☐ September	45
☐ seven	96
☐ seventeen	97
☐ seventh	99
☐ seventy	97
☐ she	100
☐ ship	82
☐ shirt	22
☐ shoes	77
☐ shopping	31
☐ short	57
☐ shoulder	93
☐ shower	77
☐ sing	14
☐ singer	30

☐ sister	37
☐ sit	13
☐ six	96
☐ sixteen	97
☐ sixth	99
☐ sixty	97
☐ skate	74
☐ ski	14
☐ skirt	78
☐ sleep	12
☐ sleepy	56
☐ slow	94
☐ small	57
☐ smile	16
☐ snow	41
☐ snowy	57
☐ so	70
☐ soap	77
☐ soccer	39
☐ sofa	77
☐ soft	94
☐ softball	88
☐ some	69
☐ sometimes	63
☐ son	37
☐ song	48
☐ soup	36
☐ spaghetti	86
☐ Spanish	51
☐ speak	12
☐ sport	39
☐ spring	49
☐ stand	15
☐ start	15
☐ station	31

☐ stop	16
☐ store	31
☐ story	27
☐ strawberry	86
☐ street	32
☐ student	25
☐ study	13
☐ subject	28
☐ sugar	86
☐ summer	49
☐ Sunday	43
☐ sunny	55
☐ supermarket	32
☐ sushi	86
☐ sweet	94
☐ swim	12

T

☐ table	20
☐ take	13
☐ talk	15
☐ tall	55
☐ taxi	82
☐ tea	34
☐ teach	15
☐ teacher	25
☐ team	40
☐ teeth	52
☐ telephone	77
☐ ten	96
☐ tennis	39
☐ tenth	99
☐ test	26
☐ textbook	80
☐ that	102

☐ the	67	☐ two	96	☐ which	68
☐ theater	82			☐ white	46
☐ their	100	**U**		☐ who	68
☐ theirs	101	☐ uncle	37	☐ whose	68
☐ them	101	☐ under	67	☐ why	68
☐ then	62	☐ up	61	☐ will	71
☐ there	61	☐ us	101	☐ window	20
☐ these	102	☐ use	12	☐ windy	94
☐ they	100	☐ usually	61	☐ winter	49
☐ think	16			☐ with	66
☐ third	99	**V**		☐ woman	29
☐ thirteen	97	☐ very	60	☐ wonderful	58
☐ thirty	97	☐ violin	91	☐ work	14
☐ this	102	☐ volleyball	40	☐ worker	81
☐ those	102			☐ write	12
☐ thousand	98	**W**			
☐ three	96	☐ wait	17	**Y**	
☐ Thursday	43	☐ waiter	81	☐ year	24
☐ ticket	82	☐ walk	14	☐ yellow	47
☐ time	23	☐ wall	77	☐ yen	92
☐ to	65	☐ want	10	☐ yogurt	86
☐ today	23	☐ warm	57	☐ you [主格]	100
☐ tomato	86	☐ wash	12	☐ you [目的格]	101
☐ tomorrow	23	☐ watch [動詞]	10	☐ young	56
☐ too	60	☐ watch [名詞]	19	☐ your	100
☐ towel	77	☐ water	42	☐ yours	101
☐ tower	82	☐ we	100		
☐ train	31	☐ weather	42	**Z**	
☐ tree	41	☐ Wednesday	43	☐ zoo	32
☐ T-shirt	22	☐ week	24		
☐ Tuesday	43	☐ weekend	24		
☐ TV	21	☐ well	61		
☐ twelfth	99	☐ what	68		
☐ twelve	96	☐ when	68		
☐ twenty	97	☐ where	68		

おやすみなさい。 Good night.

熟語編

A
- a cup of ~ … 111
- a glass of ~ … 111
- a lot of ~ … 111

B
- *be* late for ~ … 112

C
- come from ~ … 107
- come in … 107
- come on … 108
- come to ~ … 107

F
- from *A* to *B* … 112

G
- get up … 107
- go home … 108
- go ~ing … 108
- go out … 109
- go to ~ … 108

L
- like ~ing … 109
- listen to ~ … 106
- look at ~ … 106

O
- over there … 111

S
- sit down … 106
- stand up … 106

T
- take a picture [photo] … 109
- talk about [of] ~ … 109
- talk with [to] ~ … 110
- tell *A* about *B* … 110
- time for ~ … 112

旺文社の英検対策書

試験まで 3ヶ月前なら	定番教材	出題傾向をしっかりつかめる英検対策の「王道」 **英検過去6回全問題集**	過去問集 1級〜5級 ★別売CDあり
		一次試験から面接まで英検のすべてがわかる！ **英検総合対策教本**	参考書 1級〜5級 ★CD付
1ヶ月前なら	効率型	手っ取り早く「出た」問題を知る！ **短期完成 英検3回過去問集**	過去問集 準1級〜5級 ★CD付
		大問ごとに一次試験を短期集中攻略 **DAILY英検集中ゼミ**	問題集+参考書 1級〜5級 ★CD付
		二次試験まで完全収録！頻度順だからムダなく学習できる **英検でる順合格問題集**	問題集 準1級〜3級 ★CD付
7日前なら	速攻型	7日間でできる！一次試験対策のための模試タイプ問題集 **7日間完成 英検予想問題ドリル**	模試 1級〜5級 ★CD付
	単熟語	でる順だから早い・確実・使いやすい！ **英検でる順パス単**	1級〜5級 ★無料音声ダウンロード付 ★別売「書き覚えノート」あり
	単熟語	文章で／イラストで覚えるから記憶に残る！ **英検文で／絵で覚える単熟語**	1級〜5級 ★CD付
	二次試験	DVDで面接のすべてをつかむ！ **英検二次試験・面接完全予想問題**	1級〜3級 ★CD・DVD付

このほかにも多数のラインナップを揃えております。

〒162-8680 東京都新宿区横寺町55 お客様相談窓口0120-326-615
旺文社ホームページ http://www.obunsha.co.jp/ **旺文社**

[英検5級 でる順パス単]　S6b024